我隨上師轉山

蓮師聖地溯源朝聖

邱常梵 著

何謂「轉山」？
藏人這樣定義：「在專心一意的持咒祈禱中，繞著神聖之地順時針走一圈。」
在「轉」的過程中，能帶來身心靈的淨化；能將平日自大的自我最小化，甚至將之消融於無所緣取的空性中。

U0012513

自序　遍地蓮花

　　在西藏和印度交界的喜瑪拉雅山區，有個地方名「貝瑪貴」（藏語，貝瑪指蓮花，貴指聚集叢生），是一千多年前蓮花生大師①授記的聖境，蓮師親至該地閉關，安住於禪定中長達七個月，加持該地成為殊勝密境，時至今日，貝瑪貴一直猶是藏傳佛教徒嚮往的偉大剎土。

　　在貝瑪貴東側山區，有一條傳說由綠度母淚珠化成的河流，藏語稱「仰桑曲」，發源於海拔4000多公尺的貝瑪謝日神山和日沃達拉神山之間，涓涓細流，匯集了大大小小山溪野澗，一路奔流，直到海拔500公尺的Tuting（土亭）滙入雅魯藏布江。

　　仰桑曲所流經的區域藏民稱為「仰桑貝瑪貴」，仰桑在藏語中是「極為祕密」的意思，為什麼仰桑曲（極密河）流經的區域會被冠上「極為祕密」的字眼呢？原來該區域遍布無數聖跡、三大神山及108座聖湖，因此被稱為「聖境中的極密聖境」。

　　2013年10月，我們3位台灣弟子和1位香港弟子追隨上師堪布②徹令多傑仁波切，在2位洛本（阿闍黎，即軌範師）、1位喇嘛及多位藏民陪同下，揹負登山裝備、薈供法會相關物品及修法用法器，從土亭開始徒步，溯源仰桑河，朝聖源頭的兩座神山，在極密聖境之中前後待了20天。

1　蓮花生大師又稱古魯仁波切（Guru Rinpoche，意為珍貴寶上師），簡稱蓮師。八世紀時，由藏王赤松德贊迎請入藏，將顯密佛法精華完整傳入西藏，被藏人視為第二佛。
2　寧瑪派的堪布指精通經律論三藏等顯密教義之教授（類似現代大學教授），並可為人剃度、主持授戒、灌頂等。

在這20天裡，從秋高氣爽走到豪雨成災走到迎來第一場冬雪，山徑從最初的田園小路到泥濘山徑到陡峭崖壁，橫切緊臨斷崖的險稜刃脊，跳躍看不到盡頭的亂石區，穿越灌木叢盤根錯節的窄狹山徑，涉水走過山溪及溝澗，穿行不見天日、濕漉滑溜的原始密林……，許多時候都需手腳並用攀爬行進。

又遇連日豪雨，仰桑河暴漲，被困山中兩天；藏民持山刀砍樹架梯架橋，沿著河畔山坡「高繞」；登山鞋溼透泡爛，變成千斤重；手腳和身體在穿越密林時被樹枝割傷，又被蚊蟲與橫行中低海拔的螞蝗叮咬，傷痕累累。

四位弟子，一位在出發第一天爬陡坡時因心臟狀況不佳抱憾撤退，一位走到第一座神山半路，因風雨失溫，癱軟寸步難行，藏民就地取材作成簡易揹架輪流揹負，天黑後才抵達海拔3400公尺的大山洞營地，之後也提早撤退。最終只有我和來自香港的Lu，隨上師圓滿朝聖兩座神山。

在這20天裡，一開始我無法隨藏民早睡，直到幾天後才習慣傍晚6、7點就寢，清晨4點或更早起床，生活節奏回到先民日出而作、日落而息的規律。我多次在睡眠中被低喃誦經聲喚醒，那是有人早早就起來作早課了，一時恍惚會以為身在寺廟，等意識認清身在簡陋山屋或天然岩洞後，我總是先躺著，靜靜享受殊勝的修行氛圍，將身心安放於誦經聲中，一會兒後，再坐直身子，裹著睡袋，打開手電筒和法本自修。

長達20天的朝聖，遠離俗世紅塵，日夜與上師、與藏民相處，我從上師言行看到了崇高不虛假的修行風範，學習到真正的慈悲、謙遜、智慧與

清淨心；我也從藏民身上看到了簡單、純樸、堅韌的天性，學習到他們對
上師、對佛法無比的信心、虔誠心與恭敬心。

　　神山所在地仰桑貝瑪貴，是蓮師授記的極密聖地，蓮師誕生於達那果
夏湖的蓮花之中；佛陀一出世，站在蓮花上，一手指天，一手指地，悟道
成佛後，起座繞樹而行，一步一蓮花，講經說法時也端坐蓮花座；佛經介
紹佛國淨土的聖賢大多以蓮花為座；寺廟裡，諸佛菩薩的雕塑離不開蓮花；
阿彌陀佛的極樂世界被稱作「蓮國」……。

　　諸如種種，蓮花在佛教中有著極為深廣的象徵，代表清淨莊嚴，不染
著世間煩惱憂愁，更代表佛法的慈悲與智慧。

　　佛，宛如生長在心中的一朵蓮花，心中有佛，看到的有情眾生便都
是佛，便都是一朵朵清淨聖潔的蓮花；即便是看到器物世界的山川大地、
花草樹木，也都是一朵朵清淨聖潔的蓮花。

　　我在仰桑河溯源朝聖的過程中，就這樣看到了一朵朵蓮花，遍地綻放。

　　　一念心清淨，處處蓮花開；一花一淨土，一土一如來。

站在貝瑪謝日神山頂，可清楚看到下方仰桑貝瑪貴全景，山峰層層疊疊如花瓣開展，仰桑
曲就在中間山谷蜿蜒流淌，直奔雅魯藏布江。

仰桑貝瑪貴最殊勝最不可思議的「五方佛五魂湖」，位於蓮花生大師的聖地「孜大布日神山聖湖區」，由前往後，五湖依序代表大日如來、阿彌陀佛、金剛不動佛、寶生佛、不空成就佛。

緣 起

　　九世紀時，蓮師受吐蕃王赤松德贊之請，遍訪西藏尋找聖地，發現此處地勢如朵朵盛開的蓮花，有聖地之象，於是命名為「貝瑪貴」（大陸譯為白馬崗），於此修行，在《甘珠爾大藏經》中就有「佛之淨土貝瑪貴，隱秘聖地最殊勝」的記載。

　　傳說這裡有吃不完的糧食，喝不盡的牛奶，虎骨、麝香、雪蓮、靈芝俯拾即是，山珍野味、各種水果應有盡有，還藏有打開通往極樂世界之門的金鑰匙⋯⋯。

　　被中國列為少數民族的門巴族和珞巴族，約三百年前，憑著勇氣及對美好生活的嚮往，翻山越嶺來到貝瑪貴，雖然沒找到傳說中的極樂世界，卻發現這裡土地富饒，於是定居下來，他們稱此地為「白隅欠布白馬崗」，意思是「隱藏著的像蓮花那樣的聖地」，並以民謠「上山到雲間，下山到河邊，說話聽得見，走路得一天」來形容這裡的地形。

　　蓮師也預言西藏將有戰亂，百姓難免受迫害，因而特別授記貝瑪貴也是個避難地，後來果然應驗。1950年，中共進入西藏，藏東康巴人成立游擊隊奮戰反抗；1959年達賴喇嘛流亡印度，拉薩爆發亂事，中共軍隊鎮壓，炸毀寺廟，禁止一切宗教活動，不少藏民遠離家鄉逃難至此，得以保住性命並延續佛教法脈。加上更早期便從不丹遷移至此定居的藏族羌那人，也是虔誠的藏傳佛教徒，使得此處藏民人數雖少於珞巴人，但佛法興盛，儼

然成為雪域高原之外的佛國淨土。

　　藏民相信貝瑪貴是金剛亥母①用自己的身軀幻化而成，包含頂輪大樂輪、喉輪受用輪、心輪法輪、臍輪幻化輪、密輪護樂輪，五輪具足。目前因政治因素，臍輪幻化輪以上四輪屬於西藏（墨脫縣），密輪護樂輪屬於印度（阿魯納恰爾邦）。

　　仰桑貝瑪貴正是密輪所在，所有最殊勝最特別的聖地都在其中，包括法身——阿彌陀佛的聖地「貝瑪謝日」（意為蓮花晶山）；報身——觀自在菩薩的聖地「日沃達拉」（意為布達拉山）和金剛薩埵的聖地「白巖吉祥法宗」；化身——蓮花生大師的聖地「孜大布日」、釋迦能仁的聖地「靈鷲山」和勝樂金剛的聖地「得威果札」。

　　在《貝瑪貴聖地誌》中記載著聖地由佛之身、語、意三鎧甲守護，身鎧甲是一雌一雄的大鵬金翅鳥聖地，代表佛身無所畏之功德；語鎧甲是馬頭明王聖地，代表佛語無所畏之功德；意鎧甲是鎮伏魔軍的金剛手菩薩聖地，代表佛意無所畏之功德。

　　此外，尚有四種事業，佛塔、自生佩解脫等諸多聖地，不勝枚舉。

　　《貝瑪貴聖地誌》清楚記載：「為利未來有情故，加持此處勝密境，一生獲得持明處，雖僅居住此聖地，慈心悲心自然增，同理智想廣增田，稱述功德難思議，較彼他處修一年，此地一月修更佳……盡除此世障逆緣，來世前往持明地，無始無終生世中，將成圓滿自在王。」

　　自西康轉世到貝瑪貴的敦珠法王二世，因政治因素不得不離開貝瑪貴後，曾返回貝瑪貴普巴金剛聖地舉行大成就法會及灌頂、教授；寧瑪派最

高法座貝諾法王在1959年要離開西藏前往印度之前，也在貝瑪貴居住了六個月。

　　2003年12月，貝諾法王應堪布徹令多傑仁波切（誕生於仰桑貝瑪貴，以下簡稱堪布）之請，蒞臨貝瑪貴，為民眾及世界和平祈願加持，並為新修建的寺院舉行灑淨開工儀式。

　　2010年7月，我首度隨師返鄉，為已興建七年即將完工的寺廟安金頂儀式及「蓮師十萬薈供大法會」攝影記錄。

　　2011年1月底寺廟正式落成，港台六十多位弟子前來參加開光典禮；同年10月我三度前往，獨自與寺廟僧人深入極密聖境，圓滿朝聖孜大布日神山聖湖區②。之後魂縈夢牽，一直記掛著何時才能圓滿朝聖另兩座神山。

　　2013年，因緣成熟，堪布要前往貝瑪謝日和日沃達拉兩座神山朝聖，我自然摒除一切困難，緊緊跟隨。

1　│　金剛亥母藏語叫「多吉帕姆」，是有名的「空行母」女神，被譽為「諸佛之母」、「一切智慧之母」。

2　│　孜大布日神山聖湖朝聖之旅，詳見作者著書《極密聖境，仰桑貝瑪貴──從500公尺到4000公尺的朝聖》。

2013年10月6日傍晚，大兒子開車走西濱公路送我
前往機場，行經林口風力發電廠，路燈已亮起，夜魅
悄悄包圍最後一抹夕陽餘暉，風車葉片宛如飄浮空中，
彷彿預言：此去朝聖轉山，也將如此這般奇異！

於印度加爾各答乘國內班機飛往阿薩姆邦 Dibrugah，航程約一個半小時，只要清晰看到下方出現錯綜複雜的河道與沙州，就知道即將抵達緊臨雅魯藏布江的 Dibrugah 了。

從 Dibrugah 連車帶人上船，橫越雅魯藏布江最大的渡船可搭載四輛汽車，牲畜也可搭船，只是依體積噸位收取不同船費。

江的此岸是以平原為主的阿薩姆邦，對岸是由南往北山勢漸高的阿魯納恰爾邦，打從 2010 年我第一次來，就在建橋墩，三年過去了，河面依然只有橋墩，只是長高了些。

船行江上，天光雲影幻化，上演視覺饗宴。

下船後，開車進入山區，車道沿著山腰盤繞，看起來就在對面、感覺很近的山道，通常要繞好大一圈才會到達。

抵達寺廟，全體喇嘛分批向堪布頂禮問候。每回看到這些小小喇嘛，心中總會升起難以言喻的情懷，同年紀的都會小孩，都還藏身在父母羽翼下呢！

山道一側就是雅魯藏布江，這條被藏民稱為「母親河」的江河，一路陪伴著我們向寺廟所在地 Tuting 趨近。（此圖攝於 2010 年 7 月）

從土亭沿圖左側的吊橋越過雅魯藏布江後，便進入仰桑貝瑪貴範圍。登高鳥瞰，菩提昌盛寺位於圖右側江畔高地，圖中橫長的白色跑道乃印度機場。

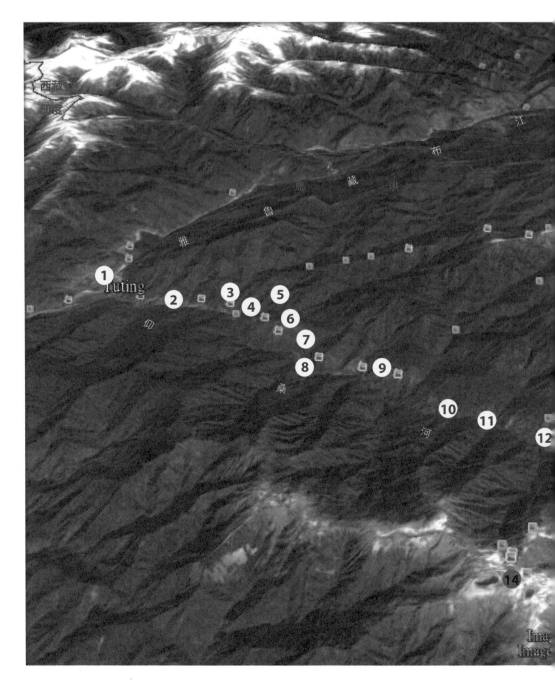

1. Tuting 土亭
2. Nyaming
3. Kuging
4. Nyering
5. Payingdem 白雲巔
6. Yoldong 由東
7. Mahakota 瑪哈果札
8. Dewakota 得威果札
9. Tashigaon 札西崗
10. Silipu 西里布
11. Simuge 西木給
12. Yamiling 亞米林
13. Simuling 西姆林
14. 日沃達拉神山
15. 孜大布日神山
16. 貝瑪謝日神山

雅　魯　藏　布　江

N

15

13

仰

桑

河

16

Google
ndsat
DigitalGlobe
NES / Astrium

Google earth

藍天下燿燿生輝的菩提昌盛寺，由堪布海外弟子及貝瑪貴居民共同護持，於 2011 年開光。

朝聖第一天

走過這座橫跨雅魯藏布江的吊橋，
就宛如打開了極密聖境的大門。

1 打開極密聖境大門

經過一天充份休息後，清晨5點從寺廟出發，隊伍人員包括堪布、兩位洛本（阿闍黎，軌範師）、堪布侍者索南喇嘛①、一位在家居士及七位Nyering村藏民，Nyering靠近堪布老家Payingdem，之前缺經費，村裡一直沒寺廟，去年由堪布贊助興建，即將完工，村民邀請堪布於來年藏曆新年時，前往主持開光儀式，為了表示感激及誠意，這次出動7位村民協助堪布朝聖之旅。

越過雅魯藏布江吊橋時天才剛亮，這座橫跨寬廣江面的吊橋，由原住

---

1 | 藏語「喇嘛」指上師，意為「至高無上」，但台灣人對所有西藏僧眾都稱「喇嘛」，是早期以來的以訛傳訛。本書隨順台灣習慣，保留此稱呼。

民以木板、籐索及鐵線搭成，中間沒有橋墩，不用鐵釘，只以鐵線和籐索纏繞固定，籐索取自本地原始森林，柔軟堅韌，橋面每隔幾公尺以粗竹籐搭成一道拱門，向前迤邐成大小連續不斷的圓弧。

這長吊橋，看似平穩，走在橋上才知搖晃厲害，尤其橋面舖設的木板脫落，多處懸空，視線直落江面，浪濤彷彿就在腳底翻滾，有些木板還會滑動，走得人膽顫心驚，不過心中那份盈滿的興奮與期待會戰勝一切，因為吊橋就像是文明與原始、世俗與神聖的分界線，走過吊橋，彷彿就打開了極密聖境的大門，進入另一個神秘殊勝的空間。

從吊橋上可看到下方江畔的「馬頭明王」聖跡，夏季江水暴漲會整個

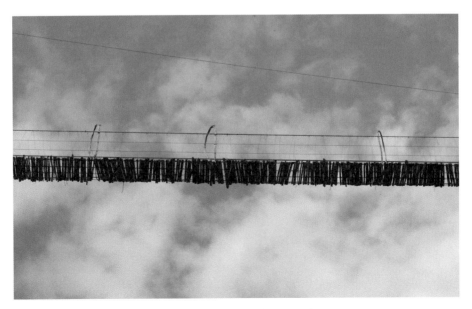

有一回我下到江畔，往上仰望吊橋，脫落的木板造成許多空隙。

淹沒，只有冬季枯水期才會顯露。這馬頭明王是觀音菩薩協助修行者降魔除障的化身之一，形相凶惡忿怒，又稱「馬頭觀音」。

　　過了吊橋，「大鵬金翅鳥」聖跡就在附近，雌鳥在密林中，雄鳥在雅魯藏布江畔。大鵬金翅鳥被視為神鳥，傳說是梵天、大自在天的化身，代表智慧和勇猛，可以消除一切障礙，增長福、祿、壽、財富和智慧等。一般相信雌鳥的威力大於雄鳥，因此環繞著雌鳥聖跡周圍掛滿五色風馬旗，並

1 馬頭明土聖跡只有冬季枯水期才看得到。
2 大鵬金翅鳥雌鳥聖跡位於密林內。
3 大鵬金翅鳥雄鳥聖跡位於江畔。

仰桑貝瑪貴最大的珞巴族村落 Kuging 村。

有眾多祭拜、煨桑痕跡；相對之下，雄鳥聖跡周遭顯得孤單寂寥。

　　在仰桑河匯入雅魯藏布江的會合口，還有「八大嘿汝嘎」聖跡，嘿汝嘎是梵語 Heruka，漢譯為忿怒尊，別譯為明王、金剛。

　　這些聖跡我在不同季節都已去過，今日過門不入。

　　離土亭大約一個半小時路程，經過仰桑貝瑪貴第二大的珞巴族村落 Nyaming，村中有位轉世小祖古，目前於菩提昌盛寺就學。再往深山走約 2 個多小時，山徑出現叉路，左側山坡往上約半小時，有塊開闊的緩坡地，那是仰桑貝瑪貴最大的珞巴族村落 Kuging，有好幾百位居民。

　　在兩個珞巴族村落中間，若離開山徑，下切右側的仰桑河，可以前往自然形成的「佩解脫」② 石頭聖跡，依體積大小分為大、中、小三處，最大的那處路程遙遠，我至今未去過，只朝聖過中、小兩處聖跡。

　　下午再經過一個藏族小村落 Yingkong，就位在路旁山坡，村中有間小寺廟，負責人是位在家瑜伽士，上回隨堪布來關懷村民時，村中婦女以歌舞表示歡迎，藍天下的歡愉至今記憶猶新。

---

2 ｜「佩解脫」是藏傳佛教六種「不修而得解脫」中的一種，其它5種是見解脫、聞解脫、嘗解脫、觸解脫、憶解脫。佩解脫是指佩帶咒語、佛像、上師所加持過的法物等而得到解脫。不過這是針對因緣具足、心續成熟的人而言，才能在剎那間，有如瓜熟蒂落，當下開悟，立即解脫。

1 馬頭明王聖跡只有冬季枯水期才看得到。

2 小佩解脫石聖跡。

藏族小村落 Ying Kong 就位在路旁山坡。圖中婦女正在跳迎賓舞。

2 深山中的明珠

　　本來預計天黑前就可抵達Yoldong由東村，因台中師姐貝瑪幾個月前動過手術，體力衰弱，走走停停，大家配合放慢速度，抵達由東村天已全黑。

　　這個依山坡而建的山村，海拔一千多公尺，居民大多是康巴（指住在西藏東部的藏人），村中有座「得滇札西卻林寺」，由烏金彭措仁波切（當地人慣稱烏金祖古，目前於美國弘法）承接上一世得滇仁波切的心願，去年（2012年）剛重建完成，今年1月邀請堪布蒞臨開光儀式及3天法會，堪布帶領菩提昌盛寺十多位喇嘛入山協助相關法事，我們4位台灣來的弟子也隨喜參加了盛典。

由東村得滇札西卻林寺。

1 寺廟開光時喇嘛跳金剛舞慶祝。

2 艷陽天下的閉關房。

寺廟右側山坡上分散著幾棟小木屋，專供僧人及瑜伽士長期閉關使用，據說烏金祖古的幾位美國弟子都曾來此作過短期閉關。

這是我第三回來到由東村，第一回雨天，第二回大晴天，不同氣候下的閉關房展現出全然不同的情境。

由東村地勢開闊突出，面對著如花瓣層疊開展的連綿山脈，仰桑曲河谷在底下蜿蜒，左側可清楚看到瑪哈果札村、得威果札聖地及遠處山坡上的札西崗村；若遇多雨季節，雲霧繚繞，景觀迷濛夢幻。

還記得2010年我第一回隨堪布返回貝瑪貴，絡繹不絕的藏民從四面八方前來參加《蓮師十萬薈供大法會》，有一位年老的阿嬤在拜見堪布時，邊說話邊流淚，事後堪布轉述：「她七十多歲了，從她住的山村到這裡，一般人走一天，她因為年紀大了，走了一天半多，還好趕到了，她很高興。」

當時我聽了鼻頭一酸，兩眼淚溼，那是生長在寶島福地的台灣人所無法想像的，有著虔誠信仰的藏民，身處偏遠山區，求法若渴，只要聽聞有具德上師前來開示佛法或舉行法會、灌頂，他們都會扶老攜幼，不遠千里跋涉參加。

而自己居住的村落若能有一間寺廟，那就是最大的福份了。台北中心嘎瑪喇嘛（由東人）曾告訴我，寺廟興建期間，由東村民外出返家時，只要經過河邊，都會主動揹一包沙石回來，提供寺廟興建，可謂眾志成城！

得滇札西卻林寺建成，對鄰近藏民而言，無疑就成為一顆深山中的明珠，閃閃發亮。

雲霧自仰桑河谷往上升騰，一片迷濛。

1 寺廟大殿主供蓮花生大師。
2 從由東村山坡上的閉關房往下走，可以清楚看到寺廟全景。

朝聖第二天

3 極密聖境的心臟

　　一早離開由東村，萬里無雲，下段陡坡後，沿著林間山腰繞行，約一小時豁然開闊，山坡插滿直立式經幡旗，仰桑貝瑪貴境內最大的藏族村落瑪哈果札到了。村中有座瑪哈果札寺，於2006年修復完成，住持貝瑪仁增祖古是大伏藏師札昂林巴的轉世，目前在台灣弘法。

　　走過開闊的草地，進入密林，續行不久，山徑右叉路往得威果札，得威果札是「勝樂金剛」聖地，一般相信：貝瑪貴的極密聖地是仰桑貝瑪貴；仰桑貝瑪貴的心臟便是得威果札。仰桑河流到這裡，環繞得哇果札所在的小山巒，拐了一個大迴彎，以致得威果札遺世獨立，僅以吊橋與外界連接。

　　藏民相信這是一個有著無數聖眾環繞的清淨聖境，是法身阿彌陀佛、報身觀世音菩薩及化身蓮花生大師的淨土，長久以來，繞行得威果札成為貝瑪貴民眾的傳統，有任何祈求與困難，都會前來繞行，作為吉祥如願的緣起。

抵瑪哈果札。

得威果札以吊橋與外界連接。

　　原有的舊寺廟由大伏藏師札昂林巴所建，昔日他曾迎請17歲的第二世敦珠法王，從西藏貝瑪貴前來傳授《大寶伏藏》灌頂及口傳。寺廟在上世紀末葉受到大地震破壞，後由當地民眾以石頭堆疊，重新興建，但因經費不足，只建了一層，這幾年來，由貝瑪仁增祖古重新修復，尚在興建中。

　　得威果札的聖物，除了札昂林巴往昔所取出的伏藏佛像和法本、百年以上的古老佛像、經典與佛塔……外，最殊勝的是蓮師曾安坐七個月的天然岩石法座，蓮師加持法座成為伏藏寶篋，並廣傳密咒金剛乘教法。

　　我曾經繞行得威果札大外轉三回，都在仰桑曲水勢較小的冬季，繞行的路線會經過好幾處聖跡，包括蓮師閉關修行洞、一髻佛母聖跡等。其中，蓮師閉關修行洞有個狹窄洞口可以出入，幾次在洞內拍照，都出現不可思議的法輪，令人真實感受到蓮師無所不在的加持。

　　轉得威果札的朝聖路很不好走，必需穿行密林和攀爬岩壁，又需越過滙入仰桑河的幾條溝澗山溪，較寬的山溪有小吊橋，只是年久失修，木板嚴重脫落；窄山溪則使用一或兩根粗樹幹架成簡易獨木橋，我第二回來時，獨木橋被夏季豪雨沖斷，只能涉水而過。

　　此回時間有限，我們過門不入得威果札。

1 繞行得威果札是貝瑪貴民眾的傳統習慣。

2 繞行得威果札時會經過克難木橋。

得威果札寺一旁的天然岩石法座，蓮師曾於此安坐七個月。

1 蓮師閉關修行洞狹窄的入口。

2 蓮師閉關修行洞內的殊勝光影;臉上塗抹一髻佛母聖跡的紅土以加持。

3 轉得威果札一圈的路況很不好走。

4 獨木橋被豪雨沖斷後,只能涉水而過。

越過一座老舊吊橋後，在雜木林中往上爬，從這裡到今晚住宿地 **Tashi Gaon** 札西崗村，一路陡坡。休息時，堪布從樹林中採來一棵長相奇特的植物，說：「這是貝瑪貴特有的口香糖！」原來堪布小時，母親常採這分給他們兄弟姐妹吃。從堪布臉上那淡淡的笑容，我看不出他是否回憶起早逝的母親，若非睿智的母親支持他出家，在他16歲時鼓勵他前往尼泊爾依止敦珠法王，堪布今日可能仍在山中種田放牛吧！

爬高後，往後回望，左側是仰桑河，淺色草坡地是瑪哈果札村，瑪哈果札寺藏身在右側山坡，瑪哈果札村上方便是昨夜住宿的由東村，眼力好的人可以看得一清二楚。

4 金剛手聖地

　　抵達Tashigaon札西崗村，差點不認得新彩繪完工的寺廟，相較起來，我還是喜歡兩年前初訪時的素顏。這座小寺廟由現任負責人多傑丹增的父親（瑜伽士）在半個世紀前興建，當時因資金不足，二、三樓只有結構體，內部並未完工，經過五十多年歲月的刷洗，外觀老舊，如今煥然一新。

1 新彩繪完工的札西崗寺廟。

2 金剛手聖跡。

3 堪布與村民。

「金剛手」聖跡位在寺廟外側，是塊巨大的石頭，上有天然形成的金剛手圖案，金剛手菩薩因手執金剛杵而得名，也是大勢至菩薩的忿怒化身，通常被歸為「悲智勇」三尊之一，「悲」的代表是觀世音菩薩，「智」的代表是文殊菩薩，「勇」的代表即是金剛手菩薩。

趁著太陽高掛，村民用兩片鐵片、幾根木棍和兩塊布圍成一個小空間，再以水管接引山泉，搭成臨時浴室，堪布笑著提醒我們三個「城市鄉巴佬」：今天好好享受，之後就不用再提、再想洗澡這件事了。

當冰涼的山泉淋過肌膚，我仰望上空藍天，陽光兜滿一身，布簾下擺不斷被山風揚起，捲到我腿上，這是間簡陋無比的浴室，卻讓我享受到天降甘霖似的淨化，所謂簡單的幸福正是這般罷！

洗過澡，通體舒暢，在山風送爽中，看到堪布正和席地而坐的村民交談，雖然聽不太懂他們談話的內容，卻感受得到佛法對偏遠山區民眾的潤澤，以及民眾對具德上師的景仰與敬重。此時此刻，在場的每位村民心中想必也幸福洋溢！

朝聖第三天

清晨，札西崗村一片祥和。

正要離開村子，老小三位藏民從山坡下跑上來，向堪布獻哈
達，堪布親切地和他們話家常，我注意到莫拉（藏族對祖母
的尊稱）和阿佳拉（藏族對中年女性的尊稱）都打赤腳，只
有害羞躲在後面的小孩穿雨鞋，阿孃的腳掌佈滿粗糙膚紋，
顯然不是來不及穿鞋跑出來，而是長期打赤腳的結果，難道
是家境窮困買不起鞋穿嗎？但她們臉上的笑容卻又是那麼滿
足、安詳，彷彿是世上最富有的人。

今天預計走到仰桑貝瑪貴最深處的小山村 Yamiling 亞米林，這段路我第一回走，充滿新鮮感。由於亞米林村位於深山，出入不便，村民已逐年往外遷移，山徑明顯有荒廢跡象，兩旁野草蔓生，有些路徑幾乎要被掩蓋了。

二個多小時後，山路被木柵欄擋住，這是為了防止牛群通過而設，只要看到類似
的柵欄就知道前面有住家了。`

5 珞巴與札爛巴

　　穿出密林，空地上出現一戶原住民茅屋，被盛開的鮮艷野花所包圍，先遣部隊已和主人打過招呼，借火煮好奶茶，堪布一到就被請入屋內，和原住民閒話家常，屋主有個小孩先天殘障，堪布特地進內屋關懷，並送了一些錢給小孩。

　　這兒地名叫Silipu西里布，分散著幾十戶人家，我問堪布：

　　「他們也是珞巴嗎？」

　　「他們自稱『札爛巴』，說是比珞巴更早就定居在這兒了。」

　　珞巴和札爛巴都是藏語發音，珞是南方的意思，巴是人的意思，合起來便是指居住在西藏南方的人，中共入主西藏後，珞巴被官方劃為56個民

1 同行藏民在屋外準備用餐。
2 堪布在屋內和原住民閒話家常。

1 原住民通常在住屋下層養豬。

2 手工編造的各種日用品。

族中的少數民族，據統計，目前居住在中國境內的珞巴族只有幾千人，而居住在印度控管區內的則有數十萬人。①

　　我從來沒聽過「札爛」這個族群，回台後遍查資料也查不到，只看到一份資料談論有關珞巴族的分支，提到若以部落來命名，有所謂的魯蘇、塔買、邦尼、布根、阿迪、尼西、塔金等，但其中也都沒有發音近似「札爛」的部落，我推測或許和居住在西藏東部的藏民自稱為「康巴」的道理類似，只是一種地域上的區隔，札爛巴的族別應該還是珞巴族，就像康巴也是藏族一樣。

　　我們三位遠方來的客人，隨同堪布一起被視為貴賓請入屋內，準備用餐，屋內生火，有點燻，我坐了一會，藉口拍照，走出室外，屋簷下幾樣竹製品吸引了我的視線，是養雞的竹籠、揹物品的竹簍和遮陽用的竹帽，全是手工編造，兩頂竹帽不同編法，一疏一密，手藝精湛。

　　茅屋海拔約一千六百多公尺，視野開闊，往前眺望，遠處山谷裡有幾戶人家，藏民告訴我那裡便是亞米林村，慢慢走約四小時可到。

---

1 | 1913年西姆拉會議，英國印度殖民政府外務大臣亨利‧麥克馬洪，威脅利誘西藏噶廈政府代表，私自簽定「印藏分界線」（俗稱麥克馬洪線），劃定後，英屬印度東北邊界向北推進了一百多公里，領土包括西藏自治區東南部的錯那、隆子、墨脫、察隅四縣的大部分及朗縣、米林兩縣的少部份。

6 遇到珞巴族女巫師

　　再往前行，走過密竹林，走過數人高的芒草叢，約一小時後抵Simuge西木給，分散著幾戶人家。

　　我們停在珞巴族集會用的一棟長型木屋走廊休息，馬上來了幾位原住民向堪布禮敬問好，合照留念，珞巴族雖然有自己獨特的神靈信仰，但因為長期與藏族為鄰，有的會說藏語，彼此關係也很友好。

　　其中一位老婦人有著又長又大的耳朵，戴著圓型的大耳環、項鍊、手鐲，堪布和她聊了幾句後，告訴我們她是原住民的巫師，原住民有人死亡時，會請她作法。

　　我看著眼前這笑得非常開心、一頭亂髮的老婦人，和印象中巫師的形相實在差很遠。據我所知，珞巴族的信仰屬於大自然崇拜，認為日月星辰、風雨雷電、山林樹木都有神靈，都是崇拜的對象，在他們觀念中，鬼和神沒有明顯的區分，而巫師是唯一可以與鬼神通話的人，不過巫師並非職業宗教者，也未享有權威，沒有宗教活動時過著和普通人一樣的生活。

　　或許是因為這個原因，眼前這位巫師才會看起來很像是「一般人」。

　　原住民離開後，我們又休息了一會才出發，前行從幾戶房屋穿過時，我先被左側屋簷下的玉米串和獸皮吸引，拍了照，一轉身，赫然女巫師就坐在右側竹屋的走廊，安靜地望著我。

1 耳朵又長又大的珞巴族女巫師。

2 原住民與堪布合照留念。

　　竹屋頂以鐵皮搭蓋，記得堪布說過，鐵皮屋頂的人家比茅草屋頂的人家有錢，不知這是不是和她身為巫師的身份有關？

　　我對女巫師揚高手中相機，作出詢問拍照的表情，她嘴角上揚，笑了，我視為允許，迅速拍了幾張照，她保持淡定笑容，對著鏡頭正襟危坐，逆光中，屋後白花花的陽光，讓眼前影像變得有點不真實。

女巫師的家。

7 酸就酸吃，甜就甜吃

今日路程短，不急著趕路，走走停停，欣賞風景。爬上一陡坡後，停下休息，路旁一棵大樹下散落著一顆顆長得像橄欖的綠色小果實，堪布讓索南喇嘛去撿了一些來，削皮後，遞給我一顆，我咬了一口，天呀，又澀又酸。

「好吃嗎？」堪布問我。

「這好像還沒熟，還不能吃吧！」

「哪裡，本來就是這樣吃。」

堪布含笑吃了一顆，又吃第二顆，我再咬了一口，實在吃不下去，一轉身，趁沒人注意，偷偷吐出扔進草叢裡。

一會兒後，走在後面的Lu和貝瑪到了，Lu興高采烈說：「我們發現好幾棵無花果樹，藏民幫忙爬上樹採了往下扔，我在樹下用背包套接，你們看，這麼多，這在香港可貴著哪！」

Lu攤開背包套，裡面裝滿無花果，一顆顆飽滿紅潤，我吃了一顆，又甜又香。

堪布也把綠色小果實分給她倆，她們咬了一口，不約而同表示：

「哇，好酸好澀喔，不好吃，還是無花果好吃！」

堪布笑笑回答：

「哪裡，要什麼都吃，酸就酸吃，甜就甜吃！」

1 未削皮的綠色小果實。

2 削了皮的綠色小果實與無花果。

3 返程時我特地拍下無花果樹,原來無花果長在樹上是這模樣。

　　聽到「酸就酸吃，甜就甜吃！」這兩句簡單卻充滿哲理的話，我心頭一震，堪布又在隨機教導我們了。

　　想起一行禪師《橘子禪》書中說：「正念分明的吃東西，是一種非常重要的禪修，……如果我給你一顆剛採下來的橘子，我想你享受這顆橘子的程度取決於你正念的強弱。」

　　堪布無論是吃紅潤香甜的無花果還是吃酸澀的綠色小果實，想必都是正念分明！當他將果實送入口中，清清楚楚地咬下去，明明白白地覺知汁液的滋味，雖然味覺也分辨出了甜和酸，但卻沒有像我們凡夫一樣產生喜歡或不喜歡、好吃或不好吃的分別心，因此可以不疾不徐地享受那個當下。

　　我聯想起堪布曾開示：痛苦本身自性不能夠成立，它是空性；快樂本身自性也不能夠成立，也是空性，就這一點上，苦樂沒有差別。苦和樂、好和壞這一切完全平等，不需要對任何一樣產生執著。而我們凡夫的心都是迷惑心，遇到色、聲、香、味、觸等一切對境，在迷惑心上就會顯現成為好和壞，之後就會進一步執著好的要得到，壞的要排除，而這種執著好和壞而產生的取和捨，也就是痛苦和煩惱的來源。

　　這個萬法空性的義理，拿來用在吃東西上，不過就是一句「酸就酸吃，甜就甜吃」，簡簡單單，卻沒有幾個人能做到。

迎面走來幾位亞米林村民,流著鼻涕的小男孩和物品一起被放進竹簍,大半身都
在竹簍外,揹他的婦女一走動,小男孩就隨著左右搖晃,看似要往外跌,卻又安
然無恙。

駐足寒暄，原來是要前往土亭，我聽了暗自吃驚，我們從土亭走到這裡，走了兩天半，就算本地人腳程快，不用那麼久，但眼前這個小女孩，看去只有四、五歲，她也要跟著大人走兩天？我帶著讚賞夾雜鼓勵的微笑，遞給她一顆糖，她安安靜靜地接過。

相互道別後，我忍不住一再回望，蓊鬱蒼翠的
林木之間，山路蜿蜒，小女孩走在最前面，一
行人安安靜靜地向前走，步伐不快，卻走得連
綿不絕。

8 極密聖境最深處的山村

　　一路上，亞米林村時隱時現，從2010年知道在極密聖境靠近仰桑河源頭的山谷中，存在一個隱密的小山村後，我就對它充滿想像，這個山村位在離車道三天腳程的深山裡，會是何種樣貌呢？

　　昔日這裡曾有印度軍隊駐防，軍機補給時會順便載一些日常用品，供村民選購，軍隊撤防後，沒了補給，居民要外出只能搭乘一週一班的直昇機（印度軍機除役，轉提供給山區居民使用，天候不佳就停飛），但為了省錢，大多數居民還是選擇徒步進出。2011年直昇機不幸墜毀，從此就算有錢也沒飛機可搭。

　　堪布說，有能力的村民大多在土亭置產，舉家搬出去了，目前還留在這裡的少數居民則自給自足，除非有需要很少外出。

1 遠眺亞米林小山村，村右側下方即仰桑曲。
2 這種農作物可作酒，每戶人家必種；右側小山丘煨桑嬤嬤，即寺廟所在。
3 通往寺廟的山路插滿立式風馬旗。

　　隨著一步一步接近小山村，陶淵明的《桃花源記》在腦海中浮現，捕
魚人先划船緣溪行，林盡水源，捨船從小山口而入，而我們是徒步沿山
徑行，走著走著，豁然開朗：「土地平曠，屋舍儼然。有良田、美池、桑、
竹之屬，阡陌交通，雞犬相聞……。」

　　穿越村中，前往位在山丘頂上的小寺廟，堪布在前，村民在後跟隨，
小寺廟裡的法器、唐卡、掛飾等大多是堪布所護持，原本有一位喇嘛駐守
管理，圓寂後，已經很久沒有具德上師前來，只由村民輪流打掃維持寺廟
整潔。

　　在台灣出版了《世界心，精華寶》一書的貝瑪仁增祖古，在書中提到
亞米林的寺廟和得威果札寺同屬於札昂林巴傳承，祖古的母親是札昂林巴
的孫女，祖古自己則是札昂林巴的轉世。

村民跟隨在堪布後面往寺廟走。

　　大伏藏師札昂林巴誕生於青海，係蓮師弟子阿札薩利的轉世，從小就有許多稀有的徵兆，能看到蓮師與諸佛現前，有許多空行勇父時常圍繞著他。年紀稍長，依止大成就者措尼金剛持為上師，前後取出了伏藏法本數十品。當時藏東波密王朝的國王因仰慕他的成就，奉他為國師。

　　札昂林巴之所以會從青海來到貝瑪貴，起因於他在光明定境中，有位穿紅袍、騎紅馬的將軍現前，對他說：「我是貝瑪貴護法阿波多傑札鎮，蓮師授記你是貝瑪貴的主人，我是來迎接你回去的，請趕快動身，我會在路上迎接你。」

　　札昂林巴心想不該違背蓮師指示，便帶著幾位弟子啟程，由於貝瑪貴屬於波密王朝領土，他獲得波密王的鼎力贊助，順利搬運興建寺廟所需的佛像、經典等各種物資，僧俗二眾共同興建寺廟，講修教法。

　　至今，札昂林巴的伏藏法要傳承仍然是貝瑪貴眾多瑜伽行者的重要修持法門。

朝聖第四天

六點半出發，先直下仰桑河畔，過了吊橋，
一路爬升，陡坡處大多架有砍成一階階踏足
點的樹幹，方便朝聖者上下，密林阻隔了陽
光，潮濕陰暗，滋養了形形色色的菇類。

9 行過死蔭的幽谷

走著走著，和前後拉開距離，變成一人獨行，走在這幽暗的密林中，不禁想起聖經那段著名的文字：

我雖然行過死蔭的幽谷，也不怕遭害。因為你與我同在。你的杖，你的竿，都安慰我。

高中國文老師是虔誠的基督徒，經常對班上同學宣揚基督教義，也刻意製造許多機會帶領全班同學參加教會活動，我雖然喜歡教堂裡的寧謐氛圍，但不知為何，基督教就是無法打動我的心，光是「信我得永生」這句話，就讓年輕的心萌生排斥，無法認同。

婚後沒多久，婆婆信仰了一貫道，身為和公婆同住的長媳，我雖然屢有機會接觸，但一貫道同樣無法讓我信服，甚至讓我心生反感，以致「一竿子打翻一船人」，我一直和宗教保持距離。

直到十多年前，年近半百，才有機緣接觸到正統佛教，佛法深奧，智慧如海，佛陀告誡弟子：「當善觀我語，如煉截磨金，信受非唯敬。」提醒信眾不要因為恭敬佛陀而不假思索的相信及接受所有教法，而是必需像冶金過程一樣嚴謹的加以檢驗。

經得起辯論檢驗的佛法，給了我後半段人生的指標，2008年，因緣具足，皈依寧瑪派上師堪布徹令多傑仁波切，次第修學，我彷彿從羊腸小徑走到了寬廣大路。

正在東想西想，一抬頭，堪布坐在倒木上休息，正笑吟吟地等著我們落後的人。

堪布笑吟吟散發著溫暖。

穿越大片原始林，在林中空曠處休息等待落後者時，堪布和藏民聊天，說著說著，大家全笑
開了，笑聲隨著陽光遍地灑落。

當地土產的瓜，味道近似大黃瓜，休息時，藏民拿出
山刀切瓜，一人一片，連皮帶籽吃下，那飽滿的水份
及天然的清甜，當下成為世間最美味的水果。

10 隨它去

　　還沒中午就抵達海拔2500公尺的營地，先到的藏民砍柴、提水、生火，早已煮好一大壺香濃的奶茶等著我們。

　　從今天開始，所經之處不再有村莊，只能住簡陋的木寮、山洞或帳篷。

　　堪布侄子彭措之前在德里一家旅行社工作，今年已獲得加拿大提供給印度藏民的移民名額，即將前往加拿大，出發前，特地隨堪布來朝聖，可能是平日坐辦公室太少運動，腿抽筋，腳踝拐傷，堪布取出一樣讓我們大感意外的小型隨身電療組幫他治療，原來是信眾供養堪布，很輕巧，堪布就帶上山來，沒想到還真派上用場。

　　四點吃完午晚餐，彭措陪一位藏民來找我們，問有沒有藥可幫他？藏民伸出手來，大拇指虎口有個深可見骨的傷口，已化膿，隱隱飄出異味，曾是麻醉師的貝瑪一見大驚失色，立刻向堪布報告：「這位藏民的傷口太深了，已經化膿又有味道，若不趕快吃或打抗生素，會愈來愈嚴重，萬一感染，甚至可能喪命呢！」

　　堪布看了一下傷口，笑著表示這只是小傷口，他看過更大的傷口，住在山區哪來的抗生素或其它藥？每一個藏民受傷，不管大傷口或小傷口，幾乎都是隨它去。

　　「從以前就是這樣，現在這樣，將來還是這樣，若不是你們在這裡，他也不會想要擦藥。」堪布最後說。

　　隨它去——到底是代表藏民的認命？ 接受無常？ 還是心胸豁達？ 我想，這應該是居住在偏遠地區山民的普遍無奈吧！

　　暫時也沒其它辦法了，只能就我們手邊現藥簡單處理，貝瑪請彭措告訴藏民一定要保持乾燥，每天早晚來消毒、擦藥各一次。

貝瑪和 Lu 幫藏民處理傷口。

　　天空雲層增厚，樹林裡霧氣迷濛，大家坐在木寮裡，休息、聊天，因為空地不足，堪布帳篷搭在離木寮幾十公尺之外，隔著樹林，隱約傳來堪布渾厚的誦經聲，索南喇嘛走過來提醒大家：堪布開始修法了，別去打擾。

堪布在樹林中修法。

　　後記：等到二十天朝聖結束，回到山下，那個深可見骨的化膿傷口，居然沒惡化、沒感染，而且慢慢結痂了，也不知是藥的功效還是藏民自體康復的神奇能力。

朝聖第五天

今日路途很長，清晨五點半天剛矇矇亮，堪布就催促我們三人隨他和索南喇嘛先出發，其餘人腳程快，收拾好營地再走，也很快就會趕過我們。越過小吊橋，眼前是無止盡的上坡，密林中的山徑大都是爛泥；有些路段，土層坍方，必需手腳並用才能度過。

登上稜線後，雨停了一會，從密林的左側空隙往外眺望，遠方山脈層層疊疊，神山貝瑪謝日出現了，一路相伴。

11 等候的幸福

藏民陸續超越我們，Lu、貝瑪逐漸落後，由彭措壓陣陪同，我緊隨在堪布和侍者索南喇嘛後面，每走一段路，遇到空曠處，堪布會停步，對我說：「袞秋，坐，我們等一下貝瑪她們。」

等候的時間，一開始較短，5分鐘、10分鐘，落後的師姐就趕上了，後來距離逐漸拉開，一等就是15分鐘、20分鐘。

等候中，有時堪布和索南喇嘛用藏語交談，有時我向堪布請教一些修行疑惑，也談到台北、台中、高雄三中心①目前狀況、發展計劃，還有堪布未來的佛行事業等。

有時三人都沒說話，各坐一地休息，雖然是「默坐」，卻洋溢著一種真實的存在感；在那短暫的時光中，四周靜悄悄地，只有山風吹拂樹梢和樹葉飄落的微細聲響，我心中漲滿無限感恩，感恩自己有如此福報，能多次隨師同行，真實地領受上師慈悲智慧的攝受力。

「隨師同行」，看似簡單，但堪布台灣數百位弟子中卻沒有幾個人得以成行，反而是我「傻人有傻福」。2008年皈依堪布時，我已年過半百，由於接觸藏傳佛教晚，屬於菜鳥級，再加上口拙，從一開始就不敢妄想親近上師，都只是遠遠地仰望上師丰采，靜靜地看著其他眾多資深師兄師姐們

---

1 ｜堪布在台灣共成立了三個中心，分別是台北寧瑪三根本法洲佛學會，台中貝瑪尼顯密法林中心，
　　高雄市舊譯顯密法林中心。

與上師互動、談笑風生。

2010年，菜鳥的機會來了，因為已退休沒有請假問題，加上文筆及攝影技術也還行，因此得以隨師同行，前往貝瑪貴拍攝紀錄即將完工的寺廟安金頂儀式，來回半個多月中，親近上師，深切體會到上師的悲智行誼展現在日常生活中，一絲一毫真實不虛假。

有了第一次的善好緣起，之後，年年有機會隨師同行，我有幸成為隨師駐留貝瑪貴聖地最多回的弟子，堪布也對我認識漸深，還因為我的體能超強而戲稱我為「貝瑪貴的原住民」。

雖然回到台灣後，堪布依然總被眾多弟子包圍，我仍然只能在群眾外圈觀望，但我已經不會因此而感到遙遠，一份雖淡卻堅定的、和上師心意相近的覺受，總讓我的身心都籠罩在幸福的氛圍中。

這種幸福的感受，就好像啞巴吃甘蔗，甘蔗是甜的，啞巴吃了甘蔗之後，品嚐到甜的滋味，卻也無法向別人說清楚甜的滋味。

最後一次是二十多分鐘的等候，原本已停的雨悄然飄落，由小漸大，堪布說：「不等她們了，等久會冷，袞秋，我們先走吧！」

天雨降溫，堪布加快腳步，索南喇嘛緊緊跟隨，雨勢增大，他們的步伐也加快，我和他們漸漸拉開距離，終於，堪布和索南喇嘛的身影一起從我視線中消失。

12 漫漫長路，雨中獨行

馬不停蹄獨行了一段，追不上堪布，漸感疲累，路旁有棵傾斜的大樹幹，形成天然避雨亭，卸下背包，我坐在樹幹下稍作休息，撐傘拿出筆記本簡略寫好記錄，雨絲隨著山風飛飄，林木被雨水洗刷得清新，這空山靈雨景致迷人，卻也寒意逼人，吃了顆糖，趕緊上路。

走到一片比人略高的箭竹林前，幫我們揹午餐的藏民蹲在林中空地吃便當，看到我立刻招呼我吃中餐，我問他看到堪布沒？他說堪布剛吃完中餐，索南喇嘛陪著先走了。

接過藏民盛情遞過來的一盤飯菜，雖然肚子很餓，卻沒什麼食慾，水珠不斷從雨衣帽簷及袖口往下滴，混進飯菜，勉強吃了幾口，冰冷的感覺在五臟六腑亂竄，趁藏民沒注意，把其餘飯菜偷偷倒進草叢，就權當供養山林中的小動物罷。

獨自上路，這時已過中午12點，海拔約2460公尺。

行行復行行，穿出樹林後，攀上稜線，上上下下幾個山頭後，眼前豁然開闊，前面更高的山坡有幾個明顯的身影正在往上移動，黃色身影是堪布，藍色身影是索南喇嘛，還有一個紅色身影不知是誰，用手錶測了海拔，我站立的小山峰標高2640公尺。拿出相機想拍照，雲霧從左側山谷往上升騰，瞬間瀰漫，堪布他們幾人的身影一下子全消失了。

等我爬到接近堪布他們的位置時，往後一看，稜線連綿，在視線所及

1 傾斜的大樹幹形成天然避雨亭。

2 山峰對面前一刻還視野清晰，瞬間雲霧瀰漫。

最遠的矮山頭上，出現了貝瑪、Lu和彭措三人小小的身影，我高興地向他們揮手大喊「喲－喝－」，聲音在風中飄散，不知是太遠沒聽到，還是他們太累了，居然沒一人回應。

過不久走到一大片看不到邊緣的岩石區，山徑失去踪影，觸目所及全是大大小小高高低低錯落的石頭，範圍從左上方延伸到斜坡右下方，看不出路跡，再遠的地方雨霧籠罩，能見度很差，正確的路到底在哪裡呢？我大聲「喲－喝－」喊叫，盼望前後能有藏民應答，卻沒人回應，雖然知道路是往前走，但擔心失之毫釐，差之千里，只要走的角度錯了，就算能走出岩石區，也不一定接得上之後的正路。

在雨霧中站定等了一會，愈來愈冷，不得不硬著頭皮往前走，不少石頭長滿青苔，十分溼滑，手持藏民砍給我的木棍登山杖作為支撐，小心翼翼移動腳步，有時石頭和石頭之間相距過遠，一步跨不到，不敢用跳的，只能左右繞行，或是設法從腳下這塊石頭滑下，再慢慢爬上相鄰的一塊石頭，相當費勁。

走了幾十分鐘，還是在岩石區裡忽上忽下轉來轉去，不知何時才能走出迷宮。

突然心血來潮，何不祈請蓮師指引？我滿懷信心地開始專心持咒，是心誠則靈吧，迷濛的雨霧稍微開了些，我看到了前方兩塊大石頭之間的土路有鞋印走過的痕跡，終於接到正路了。

回頭往後方看，發午餐的那位藏民遠遠出現了，我興奮得大叫，他沒回應，卻聽到從我上方傳來回應，抬頭一看，一位矮個子藏民從離我幾層

樓高的一塊大岩石上探出頭來，招手叫我爬上去，同時還嘩哩叭啦快速講了一串藏語，我只聽懂「普巴」（藏語指山洞）和「梅」（藏語指火），心中一喜，難道是抵達今晚營地了？

依他指示先往前走一小段再往上爬，氣喘吁吁會合後，他帶著我再往上走，出現一個小山洞，沒半個人影，只有一堆火，我問：

「其他人呢？」

「前面大普巴。」藏民往前方一指。

原本興奮的心頓時一沉，哎，這只是個休息站，營地還沒到！

藏民要我坐下烤火，依照我以往經驗，雨中登山一旦停下休息，一放鬆，再要重新發動，馬力就不足了，還是持續走吧，再慢，只要保持移動，總會一步一步接近目的地。

隨著海拔升高，林相改變，山徑兩旁佈滿匍匐而生的灌木林，盤根糾結，溼滑難走，有些路段還整個被根莖所霸佔，一不小心，整個腳掌便陷入根莖之間的隙縫，動彈不得。

度過腳下難關，馬上又面臨頂上災難，空中居然下起冰雹，伸手去接，打在手掌心還有點痛呢，幸好下沒多久就停了。

翻過一座高聳的山頭後，居高臨下，看到隔著山谷對面山峰的半山腰，幾塊白色岩石很像是山洞，用長鏡頭拉近，看清其中一個懸掛著五色風馬旗，那應該就是今天要住宿的大普巴營地了。

看到山洞了卻一點也高興不起來，因為我站立的地方和對面山峰之間隔著一個很深的山谷，必需先陡下到谷底，再從谷底往上爬。強弩之末，

1 匍匐而生、盤根糾結的灌木林，
　使山徑溼滑難走。
2 山徑沿著陡峭的亂石山溝下切到
　谷底，再往上爬，對面半山腰的
　白色岩石就是今天要住宿的大普
　巴營地。

讓我不禁望著山洞興嘆！

嘆息過了，還是得乖乖邁步，小徑沿著亂石山溝下切，因為下雨，山溝變成水溝，大小亂石溼滑難走，有幾段山溝太陡，小徑彎進兩旁山坡樹林中，繞行一小段再接回山溝。

終於，脫離了山溝，進入密林，走沒多久，前面出現一位年輕藏民，拿著保溫熱水瓶及一袋乾糧，堪布要他來接應後面的人，我喝過熱水，催促他快去接應後面的人，連自認為是登山老將的我都走得有點辛苦了，想必貝瑪和Lu的狀況更慘。

下到谷底，草地全被水淹了，看不出來路在哪裡，只好大喊「喲－喝－」，前方林中傳出回應，正在砍柴的藏民現身，指點我如何往上走。

已經走了一整天，筋疲力竭，最後這段上坡路只有四個字可以形容──舉步維艱。

終於抵達大普巴營地，已經4點了，阿佳拉和幾個藏民對我豎起大拇指誇獎，我無言苦笑，好奇地請問兩位阿佳拉幾點走到？「1點。」我張大眼睛，豎起兩個大拇指稱讚她們真厲害，再問：「那最早到的人是幾點？」「12點。」天啊，揹那麼重還走那麼快，真是神勇啊！

13 緊急救援──貝瑪失溫了

5點左右，在小普巴生火的矮個子藏民出現了，對堪布說彭措他們三人已走到小普巴，全身溼透，正在烤火及吃東西，其中一個女的走不動了，一直發抖，叫他先跑來向堪布報告，看要怎麼辦？

堪布問清楚，是貝瑪，情況很糟，立刻指示索南喇嘛帶著幾位藏民往回走──用揹的，把貝瑪揹上普巴洞。

救援隊出發時天色已黑，其餘人圍坐在火堆旁，邊準備晚餐邊等待著，過了一會，看到手電筒的點點光亮在對山出現，往上升高，然後消失，救援隊翻過對面山嶺了。

雨持續下著，山風颳著，雨絲飄進火堆，木柴被打溼，冒出陣陣白煙，隨風亂竄，火旁每個人都被燻得一把鼻涕一把眼淚，我用小手帕蓋住眼睛，心中很擔心貝瑪，早上出發時，沒下雨，但雲層又厚又低，我直接穿上雨褲，也提醒了她，但她沒換，這會兒下半身一定溼透了。從土亭到由東那天，我曾陪她走了一段，她速度很慢，在這種低溫的下雨天，走太慢，身體活動量過低，就無法產生足夠熱能抵禦外在低溫，惡性循環，狀況會愈來愈糟。

不知過了多久，藏民一陣騷動，原來對面山峰出現光點了，前後有兩群，宛如螢火蟲般逐漸往下移動，光點時隱時現，前面移動比較快的估計是輪流揹貝瑪的藏民，後面比較慢的應該是彭措和Lu。

隔天從大普巴營地回拍，才看清前一天是從對面山頭翻過來，先沿著山溝及樹林下切到谷底，再爬上大普巴。

　　終於，拿著手電筒在前方幫忙照路的索南喇嘛率先出現在大家視線裡，接著是用簡易木架揹著貝瑪的藏民，這時已將近七點半。大約20分鐘後，彭措和Lu也到了。

　　大家七手八腳幫貝瑪脫掉斗篷式雨衣及雨鞋，讓她在火旁坐下，她臉色慘白，嘴唇發紫，一直哆嗦低喊：「冷 ── 冷 ──，我好冷 ── 好冷 ──。」我檢查了她全身，褲管有點溼，趕緊幫她更換，為她圍上毛毯和睡袋，數人為她搓揉雙手，餵她喝熱薑湯，過一會才逐漸好轉。

　　一直站在旁邊關懷的堪布用平靜的語氣說：「好了，沒事，沒事了。」說完轉身緩步走回他的帳篷。

　　原本紛亂吵雜的氣氛，也在堪布的鐵口直斷後，回復了平靜。

後記：事後我和貝瑪聊到事件發生始末，她自述經過——

早上還好，雖然走得慢，但還走得動，中午的冷便當，吃了兩口就吃不下，覺得好累，當時已下雨一段時間，褲子又溼又重，我問 Lu 好幾次：「我們可不可以回去？我沒法往前走了，我實在走不動了。」Lu 和彭措兩人只能不斷為我加油打氣。

走到一個落差很大的坡，跨上一腳，另一腳無論如何都上不去，一位藏民用力把我拉上去，摸到我冰冷的手，用英文問：「你是不是很冷？」我回答不會，那時還不知道其實我已經開始失溫了①，只覺得整個人好累好累，山路沒完沒了，不知道還要走多久？萬一我走不到，怎麼辦？

藏民陪我們走了一段，但我們實在走太慢，他們往前走了，只剩因為腳受傷也走很慢的彭措、我和 Lu。

你在對面山坡上和我們噢喝招手時，我心想：不會吧，中間有鞍部，必需走下鞍部再往上爬，要爬那麼高喔，天啊，我爬得上去嗎？心中開始害怕。

龜速走到稜線上時，前面沒看到藏民，路又小又窄，右側是斷崖，山風很強，怕被吹下斷崖，我們三人都不敢直立走，彎腰半蹲著，幾乎是狗爬式走，然後屋漏偏逢連夜雨，下雨變成下冰雹，好慘！

好不容易走到小普巴下面的大石堆，我已經快虛脫了，開始東想西想，想到萬一沒辦法回去，能為我的小孩做什麼？萬一發生事情，大家要怎麼把我弄出去？……我邊走邊祈請蓮師：若你要讓我命喪於此，今生的生命在此結束，我也沒話說，不過可不可以幫幫我！加持我！我母親和小孩還在等我回去……。

我們三人先在小普巴下方幾塊大石頭形成的凹洞休息避雨，藏民來找我們，說上面小普巴已生火煮好奶茶，但我完全沒力氣移動，後來是藏民半拉半推把我帶上小普巴。

我印象很深刻，到小普巴時我抖得很厲害，整個人已經僵硬，幸好我的睡袋和乾衣服由彭措揹，Lu 便幫我換掉溼衣服。讓我最感動的是，我的登山鞋又溼又全是泥巴，鞋襪脫掉後，腳髒兮兮的，但每個人都不嫌髒，立刻用雙手幫我摩擦生熱。

雖然用睡袋包裹著坐在火邊，我還是只覺得好冷，好累。我用英文拜託藏

民以最快速度去告訴堪布我的狀況，看堪布要如何處理。

藏民走後，我開始向 Lu 交待事情（後來 Lu 說我好像在交待遺言），我氣若遊絲地說：「如果我不行了，幫我告訴我兩個小孩，我很愛很愛他們。」Lu 有點被嚇到了，抱著我喊：「貝瑪，你不要這樣，你不會有事的。」

那時，我已作最壞打算，往前我走不動，後退也不可能，啊，萬一我死在這裡，連直昇機都沒辦法來運我的屍體，根本沒地方下降啊！

那時腦海裡也一直浮現寺廟和蓮師，不斷祈請～

然後，我開始哭，覺得自己有夠自私，為了想隨堪布來朝聖，就不顧母親的擔心，也不管小孩，只任性的順著自己的想法。之前每次從印度回台灣，我都變得又乾又黑又瘦，母親就覺得：「你為什麼要去印度？」小孩也問：「媽咪，你為什麼每次都要去那麼久？」當下覺得好愧疚，如果我死在這裡，實在很對不起他們。

Lu 知道失溫萬一睡著就有可能再也醒不來，因此在我耳邊一直喊：「貝瑪，你不可以睡覺！你不可以睡覺！來，跟我講話！」撐著苦等，不知道經過了多久，彷彿有一世紀那麼長了，終於，索南喇嘛帶著幾位藏民出現了，說堪布指示要把我揹到營地。

藏民真的很厲害，他們用山刀砍下幾根樹幹，加上繩索，立刻作成一個可坐式簡易揹架，幫我套上長斗篷雨衣，換穿他們的高筒雨鞋後，我坐進揹架，雙手搭在藏民雙肩，藏民除了用雙手從背後環抱住我，揹架上還有一條粗繩延伸套到他們的額頭上，我坐在上面其實還滿穩的，只是我身高 165，腳又長，輪到矮個子藏民揹我時，我的腳就離地面很近，不時擦撞石頭和樹叢（隔天我發現兩腳全是瘀青），不過再痛我也忍著不出聲，免得害大家更擔心。

從山溝下谷地時，險象環生，混雜著水流的亂石，溼滑難行，天黑又看不清，揹我的藏民跟蹌滑倒好多次，不過都把我保護得很好，沒有把我摔出去。走在前頭用手電筒幫忙照路的索南喇嘛，因為是半倒退著走，有幾次腳一滑，整個人往後摔倒……。

---

1 | 人是恆溫動物，體溫通常維持恆定水平，高山上由於低溫，加上潮溼，身體內部機制無法再補充散失在環境中的熱量，便會造成失溫症。一開始會覺得很冷、發抖、皮膚麻木感、步伐蹣跚，可能有輕微意識混亂；若體溫持續下降，就會四肢僵硬、心跳和呼吸不規則、昏迷或半昏迷，嚴重者導致死亡。

Sonam phuntsok攝.

下了整天整夜雨後，谷地到處積水，山徑變成小河，低窪處變成了小水池。

朝聖第六天

14 上師向弟子說對不起

　　清晨五點多就有藏民起來生火避寒，貝瑪和Lu被溫暖的火堆吸引，穿戴好保暖衣物就鑽出帳篷，我獨自在帳篷裡作早課，走出帳篷時，看到堪布裹著毛毯坐在他那頂帳篷旁，我上前請安，堪布問我：

　　「袞秋，這裡海拔多高？」

　　「手錶測量大約3400公尺。」

　　「那拉薩多高？」堪布去過拉薩，也知道我待過拉薩。

　　「3650公尺。」

　　「咦，拉薩海拔比較高，那怎麼這裡比拉薩冷？」

　　我解釋因為拉薩別稱日光城，幾乎天天艷陽天，現在這兒下雨，溼氣重，又有風，當然溫度會比較低，人體也會感覺特別冷。

　　堪布又說我送他的外套很好，昨天下雨那麼久，只有外面溼，裡側完全沒溼，不像之前的外套，外面溼，裡面也溼。

　　本想解釋這件外套是專業登山的GORE-TEX頂級材質，防水防風又透氣，旋即一想，何必畫蛇添足，於是只笑了笑。

　　坐到火旁烤火，貝瑪低聲告訴我，她一早去向堪布請安，堪布竟然對她說：「對不起。」讓她有點嚇到，心想：「堪布是上師，我是弟子，堪布怎麼向我說對不起？」後來堪布補充說：「這裡我沒來過，不知道路會這麼難走，讓你受驚嚇了，對不起。」

兩年前我隨寺廟僧人及藏民前往孜大布日神山聖湖區朝聖時，貝瑪本來也想同行，但曾在那裡長期閉關兩回的堪布阻止她，說她走不了。

這回堪布答應貝瑪同行，是因為兩座神山可以分開走，先去短程的日沃達拉神山，返回亞米林村，再往貝瑪謝日神山，若貝瑪朝聖第一座神山後，沒法再走，就留在亞米林村等我們，堪布本來這樣打算，沒想到，還沒完成第一座神山就出現狀況。

Sonam phuntsok攝

大普巴營地。

大普巴營地的簡易壇城。

　　我想像堪布不疾不徐地說出「對不起」那句話，我沒在現場，但光聽貝瑪轉述也心生感動，上師向弟子道歉，這是何等寬廣的心胸啊！謙遜的人一如結實累累的稻穗，總是彎腰向下。

　　昨日我從早上九點多開始獨行，直到下午四點抵達營地，那樣的天氣和地形，一個人走其實很危險，若非我在台灣登山經驗豐富，獨自走這段路可能就出意外了。當時我心中有一點小疑惑，堪布怎麼那麼放心讓我這年近六十的女弟子一人獨行？

　　後來堪布侍者索南喇嘛跑來向我解釋，堪布本來要等我，但因為下雨不斷，堪布香踏（僧裙）全溼透，只要一停不動，身體就冷得打顫，他們只好持續前行。

　　我半開玩笑問：「你們不擔心我會迷路嗎？」

　　索南喇嘛以他慣有調皮口吻回答：「我們都知道阿媽拉（藏族對有點年紀的女性的尊稱）很厲害，沒問題啦！而且你後面還有人啊！」

　　「我真的迷路了，後來祈請蓮師才找到正路。」我一本正經地說。

　　他回給我一副「Good Job！」的讚賞神情。

　　八點多，堪布帶領大家修法，設想真周到，連藏英對照的法本都揹上山了，還有薈供品，像變魔術般，一樣一樣從藏民背包裡取出來，堆滿壇城。

　　修法圓滿後，各自專心持蓮師心咒＜嗡啊吽，班雜古魯貝瑪悉地吽＞，雨停了。

15 轉日沃達拉神山

中午過後，整裝待發，堪布說慢慢轉山一圈約需5小時，預計天黑前回來，他吩咐幾位藏民陪貝瑪和Lu留守，養精蓄銳，明天再看狀況能否轉山，其餘人尾隨堪布，精神飽滿地出發了。

「轉山」並非登山活動，何謂「轉」？西藏人這樣定義：「在專心一意的持咒祈禱中，繞著神聖之地順時針走一圈。」轉的對象不只是神山、聖湖，還有寺廟、瑪尼堆、佛塔等都可以。

在「轉」的過程中，能帶來身心靈的淨化；能將平日自大的自我最小化，甚至將之消融於無所緣取的空性中。當一個人能將渺小的個人與宇宙無形巨大的存在聯結在一起後，就會獲得最自在的清明。

多年來，我在西藏雪域高原轉過數不清的寺廟和聖地，那裡平均海拔4000公尺以上，氧氣稀薄，只有平地三分之二，每當正在享受「眼睛上天堂，靈魂回故鄉」之際，同時也面臨「身體下地獄」的煎熬，因此，看到那些以大禮拜方式轉山、轉寺廟的藏民，都令我佩服得很。

沿著拉薩八廓街轉大昭寺一圈慣稱「中轉」，圖中僧人正以大禮拜方式中轉，熙來攘往的人群從他身旁川流而過，他依然如此地專心、肅穆。

1 藏地路旁到處都有嗡瑪尼唄美吽六個藏文字，燦爛鮮活。

2 形形色色的嗡瑪尼唄美吽被刻畫在寺廟外牆。

今日要轉的神山「日沃達拉」，是藏語讀音，指「布達拉山」，也就是觀音菩薩的道場。藏民相信早期的藏王和後來的達賴喇嘛都是觀音菩薩的化身，所以，他們居住的地方就叫「布達拉宮」，觀音菩薩也因此成為西藏最重要的一尊菩薩。

在藏地，藏族小孩只要會說話就會唸「嗡瑪尼唄美吽」，這嗡瑪尼貝美吽被稱為＜六字真言＞或＜六字大明咒＞或＜觀音心咒＞短咒（長咒則指大悲咒）；成年人口中唸誦最多的也是嗡瑪尼唄美吽；連乞丐在乞討時，也還是唸嗡瑪尼唄美吽；在藏地各個路口、神山、湖畔、岩崖、寺廟，到處都看得到雕刻或書寫的嗡瑪尼唄美吽六個藏文字，五顏六色，燦爛鮮活……。

觀音菩薩是少數幾位廣受漢藏大眾信仰的菩薩之一，這和祂是慈悲的化身、苦難的救度者有關。在藏地唸「嗡瑪尼唄美吽」，和漢地唸「南無觀世音菩薩」的作用大同小異。

出發了，我在心中持誦著＜六字大明咒＞，嗡瑪尼唄美吽，嗡瑪尼唄美吽……，緩緩地跨出每一步。

3

1 出發前，我爬到大普巴岩洞一側上方，居高瀏覽，這個天然壯觀的大山洞，既可遮風避
雨，洞中深處又有天然湧泉，一切彷彿都是為了朝聖者而存在。

2 順著大普巴岩洞左側，攀越岩石往上爬，再沿著山溝上溯，好不容易才乾的腳沒兩下又溼了，
真羨慕穿雨鞋的藏民，踩著水大步邁進。

3 空行母（一種女性菩薩，在藏傳佛教中代表智慧與慈悲，可於空中飛行）聖跡，外觀呈
凹字型，中間就是空行母跳舞獻供養的平台，堪布帶領大家頂禮，帶路的藏民說：我們
順時針轉山一大圈後，會從空行母聖跡處下山，那段路是碎石坡陡下，不好走。

Sonam phuntsok 攝

大家忙著拍照,可惜雲霧已聚攏,遮掩了空行母聖跡。後方白色物體是混雜著泥土和雜草所
形成的終年不化大冰塊,看到這幾塊已令人嘖嘖稱奇,返程才發現,右側山坡後方還有更
多更大的冰塊,只是從這個角度看不到。

上行再上行，回首鳥瞰，山谷中小溪蜿蜒，前日我們就是從遠方右側的山頭沿山溝及樹林下切山谷，再從谷底爬上大普巴營地。

1 這些被山泉及雨水洗得烏黑發亮的大石頭,已陪伴著神山度過數不清的歲月。

2 雲霧在身旁來來去去,有如行走在雲海裡。每一個暫歇,堪布都帶領大家向諸佛菩薩祈請。

3 翻過一個山嶺,走進平緩的沼澤地,即將抵達聖湖區。

4 第一座湖「供養措」出現了,措即藏語「湖」的意思,有塊小半島往湖中央突出。

4

離開供養措，爬上山坡，左側下方出現第二座湖，藏語直譯是「淨土措」，彭措補充說英語
就叫「天堂措」，天氣好時，陽光會在湖面形成千變萬化的光影流動。

往前走沒多遠，到達「三身措」，這是三座小湖的合稱，「三身」指法身、報身、化身，兩湖緊臨，第三湖稍微遠離，以草地隔開，堪布解釋，相連的兩湖代表法身和報身，是屬於清淨的階段，而化身是諸佛為度化眾生，以大悲心隨順眾生根機，權巧化現，顯現為凡夫身，屬於不清淨的階段，因此隔開一小段距離。

Sonam phuntsok 攝 1

2

Sonam phuntsok 攝

1 索南喇嘛隔天再度轉山時所拍的「三身措」，因為角度關係，看去好像三湖相連。

2 離三身措不遠，出現一片很特別的瑪尼石陣，直插入地面的大薄石片傳說是天然自成，
有單片的，也有數片互相依靠的，鼎足而立，環繞在旁邊的小石片小石頭則是朝聖客經
過時加上的，藏民把石頭視為有靈性之物，由大小不等的石頭堆疊起來便稱為瑪尼堆，
通常瑪尼堆會放置於山頂、山口、湖邊或寺廟旁等，用以於祈福。

3 一路陡上，不經意回頭，下方的湖泊一覽無遺，大大小小分散著，遠方天空有一角藍天，
若是艷陽天，這些湖泊肯定像是鑲嵌在綠草坡上的珍珠。

1

1 爬上稜線後，左下方山谷豁然又一大湖，名為「綠度母揩」。綠度母是觀世音菩薩的化身，
　是二十一度母的主尊，總攝其餘二十尊化身所有的功德。

2 離開湖區往前行，右方出現一片大岩壁。

3 岩壁右側上方是「蓮師法座」聖跡，前方還立著幾片天然的瑪尼石片，蓮師曾在此石頭平
　台禪定多時。

過了蓮師法座聖跡，便是下坡為主的返程，大約五點，來到「中陰洞」聖跡，中陰指死亡後，
到下一個生命開始之前的那段中間的存在狀態，又稱「中有」、「中蘊」。任何人若能由兩塊
巨石間的狹窄縫隙順利鑽過去，表示此人業力清淨。這時，天光已暗，月亮升起，使用閃光
燈才拍清楚。

朝聖第七天

16 自性藍天

昨日最後一段路摸黑，一路跟蹌陡下，我的左後膝原本因發炎產生積水的舊傷，這下又復發了。

大清早，天雖然陰沉但沒下雨，堪布催促貝瑪和Lu快準備好，由索南喇嘛和幾位藏民陪同去轉山，慢慢走，走久也會到。

他們出發後，堪布帶領大家圍坐一圈開始修法，從我坐的位置，一抬頭便可看到山洞外的天空，修法過程中忍不住幾次偷看天空變化，神奇得很，濃密的雲霧逐漸散開，藍天出現了，清澈得令人咋舌。

當雲層增厚，我們抬頭往天空看，藍天與陽光消失了，其實，它們仍在，只是被雲層遮蔽住，正如佛法「自性藍天」、「煩惱如烏雲」的比喻，自性（佛性）清淨就像藍天一樣，只是因為無明，被妄念煩惱蓋住了，我們凡夫若只見烏雲，不知烏雲之上有藍天，就會蒙塵、受苦。

剛接觸藏傳佛法，初聽到自性藍天的比喻，似懂未懂，有一回搭機出國，桃園機場天氣陰雨，時為白日，四周卻灰暗如夜晚，直到飛機離開地面，往上衝破厚重雲層，窗外頓然陽光燦亮，我已隨機翱翔在藍天中，而下方仍然是一片翻騰的厚雲，剎時明白，藍天與陽光一直存在，只是被烏雲遮蔽，地面的人抬頭看不到，就以為它們消失了。

堪布開示過，我們內心裡浮現的一些妄念、貪戀、瞋恨、愚癡……等，也像天空的烏雲，偶爾出現，沒有它要去的地方，沒有它停留的地方，但

因為對這點不了解，因此會執著這些妄念是真實存在，是固定不變。因為有這種執著，導致煩惱痛苦，這都是對於「這些妄念其實只是個偶然出現的法」（偶然出現的意思表示它也會自己消失）不了解而造成的。內心貪瞋癡這些煩惱出現時，在內心也許停留一天，也許停留一個月，不管它停留多久，我們分析一下，它停留在我身體的哪個位置？仔細從上、中、下尋找，發現根本找不到。

修法後，濃密的雲霧逐漸散開，藍天出現了。（照片左下方為煨桑的白煙）

17 神奇的藏民

　　和貝瑪、Lu一起出發轉山的人，其中有位看起來有點年紀了，昨天已和我們轉山一回，今天二度轉山，十點就轉完一圈回來，再繼續上山轉第三圈，真是太強壯了。不久，同樣是昨天轉過山今天又二度轉山的兩位阿佳拉也回來了，看來昨天每位藏民都保留實力，今天才顯露真本事。

　　我無比崇拜地和兩位阿佳拉合照、閒聊，體型較高大、年紀略長的一位比較健談，她叫索南章媄，昨天就看到她在大普巴旁空地朝著神山不斷作大禮拜，我問她：

　　「今年幾歲了？」

　　「49歲。」她笑得很開心。

　　「你來過日沃達拉神山幾次了？」

　　「20次了。」她朗聲回答。

　　「20次？」我以為聽錯了，無法置信地重覆。

　　她笑呵呵點頭，原來她和另一位體型嬌小的阿佳拉從小就是好朋友，兩人幾乎年年結伴朝聖神山，這回獲知堪布要來朝聖，機會難逢，便特意安排和我們同一天出發。那天我看到她們向堪布獻供養，請求同行，她們自行揹負朝聖所需物品，行動敏捷，每到營地都主動幫忙，堪布溼透的僧服和鞋子，也都是她們從侍者手中搶過來細心烘乾。她們表示，能和堪布一起朝聖，是她們的福報。

1 已朝聖日沃達拉神山20次的兩位阿佳拉是我的偶像。

2 以神山特有細竹製成的「松瑪」，被綁在竹棒上轉山加持。（Sonam phuntsok 攝）

3 阿佳拉自行揹負朝聖所需物品。

我順便請教她，坐在旁邊地上，從昨天就不斷削竹子的那位藏民，是在做什麼？

原來是堪布叫他用神山地區特有的細竹製作「松瑪」（藏語，代表守護神保護）小竹墜，是堪布要和各國弟子結緣用的，加條五色繩就變成項鍊，可以戴在脖子上。

下午，堪布由兩位洛本及藏民陪同，前往對面山嶺懸掛為台灣信眾祈福的風馬旗，那山嶺和我們前天翻過來的埡口相鄰，高度更高。

他們出發後，兩位阿佳拉和一位藏民將塑膠地布攤開在地上，開始拆分早上修法的薈供品（藏語稱為「措」）一般都是依照參與法會的人數均分，但若是在我們寺廟舉辦大法會，薈供品準備豐盛，就會連只在寺廟外徘徊、未參加法會的原住民和印度人，也都會發給他們一份，廣結善緣。

那塑膠地布以一般人標準看去有點髒，但藏民全不在意，完全沒有淨與不淨的分別心，最後分別裝進不知哪裡找來、也是不太乾淨的紙袋或塑膠袋中，再發給每人一份。藏民不像我們拿到後立刻享用，他們都只吃一點點象徵一下，其餘都珍惜地收進背包，要把這諸佛菩薩的加持物，帶回去和親朋好友分享。

在台灣大小寺廟裡，會看到每個信眾帶來各自準備的供品供佛，結束後，各自將供品帶走，而藏民不是，他們各依自己的經濟能力準備供品，豐儉多寡不一，供佛後，一律打散均分，每人領到一份相等的供品，供多變領少的人不覺得吃虧，供少變領多的人也不覺得佔便宜，因為供佛的虔誠心意並不會依供品多寡而有不同，供品供佛後，成為諸佛的加持品，佛

Sonam phuntsok攝

1 依人數均分薈供品。

2 貝瑪（左）和Lu（右）兩人流
  淚後的笑容無比燦爛。

對眾生一視同仁，怎可能在發供品時有分別心呢！

昨夜住宿大普巴山洞，我們三人帳篷和堪布帳篷佔掉山洞大半空間，因此藏民有人是睡在雨一大就會被雨水噴到的洞緣，但沒人有半句怨言或不悅臉色，全都隨遇而安，晚上草蓆一舖，毯子一裹，雨衣蓋在最外層，就睡了。

我行走大藏區十年來，也就是從藏民身上發現佛法可以讓人心獲得真正的安樂，許多藏民不識字，不會誦讀經書，也不懂佛法教義，但行為舉止都受佛法深刻影響。我最欣賞他們那份時時洋溢的歡喜自在心，也欣賞他們對死亡的看法，在生命結束時還要把軀體布施給禿鷹！

4點整，Lu先回來，約20分鐘後貝瑪也回來了，走了將近9小時，她們倆告訴我：一路慢行，當看到群山、聖湖伴隨著藍天出現的那一刻，兩人相擁而泣，然後又開懷大笑，本來以為這回會抱憾而歸，沒想到最終不但圓滿轉山，還看到藍天，無比感恩！

朝聖第八天

3

1 近六點出發，天空陰沉但沒下雨，先下到谷底，進入茂密森林往上爬。

2 走出密林，接上三天前來時又溼又滑的陡峭山溝，今天沒下雨，路況好走些。

3 來到巨大石塊區時，我回首拍照，後方遠處神山空行母跳舞獻供養的平台聖跡，宛如近在咫尺。

18 快 樂 的 回 航

　　堪布今天陪著我們慢慢走，早上出發時，他吩咐我走第一個，他和侍者喇嘛走最後面壓隊，貝瑪及 Lu 走在中間，我左後膝發炎積水的舊疾復發，腫脹成小水球，也就樂得放慢速度走，但速度雖然慢下來了，走一會後仍需停步等後面的人，才不會相距愈來愈遠。

　　貝瑪走得很慢，怕耽誤大家，幾次要求堪布和其他人先走，她要一人在最後慢慢走，堪布不答應，再三要她放心，行程不趕，大家一起慢慢走沒關係。

　　已經圓滿朝聖一座神山了，人人心情愉快，今天稱得上是快樂的回航，在一個開闊的山頭，我幫前後的人拍了合照，每個人都神情愉悅。

　　前後幾次停下等待落後的貝瑪，於是得空幫幾位從後面超越我的藏民拍照留念。

　　第一位是諾布，這回幫助我們最多的就是他了，體力超好，經常在抵達目的地後，放下自己揹包，立刻往回跑，幫貝瑪及 Lu 揹背包，同樣的路走兩趟。我這回帶了手指型血氧儀，正常人在平地測量時，血氧值大多是98或99，隨著海拔增高會降低。前天早晨在大普巴山洞（海拔3395公尺）測量，貝瑪血氧值91但脈搏高達152，顯然身體為了維持正常含氧量，心臟相當辛苦的運作；諾布最厲害，血氧值92，脈搏只有53，表示心臟很輕鬆，不必辛苦勞累打氧，難怪他走起山路如履平地。

1 快樂的回航，人人心情愉悅。
2 諾布體力超強。

1 旺秋只要看到我舉起相機，就會停步，微笑，等待入鏡。

2 轉貝瑪謝日神山時，旺秋和諾布擺出各種俏皮姿勢合照。

3 嘎瑪 captain 是藏民群的領導人物。

　　第二位是旺秋，和諾布是一起長大的哥倆好，他倆也是此行最年輕的小伙子。旺秋有位弟弟被認證為轉世祖古，陪弟弟去過南卓林寺，會說一點英語，因此和貝瑪、Lu可以互動。在我眼中他就像一位愛耍酷的大男孩，幾天以來，只要我舉起相機，他剛好走在我前後，就會很慎重的停步，微笑，等待入鏡，有時還會放下背包，擺出完美的姿勢，請我幫他拍獨照。

　　這時大家還不是很熟，後來轉貝瑪謝日神山時，我才發現這對哥倆好很會耍寶。

　　第三位是被貝瑪和Lu取外號captain的藏民嘎瑪，也會說一些簡單的英語，因為他是這回來幫助堪布圓滿朝聖的藏民群的Leader，盡責、細心又設想周到，從此我們都以嘎瑪captain尊稱他。一開始，他聽到這稱呼，笑得很靦腆，後來習慣了，只要聽到我們喊嘎瑪captain，立刻會跑過來熱心地問什麼事？他也是此行的大廚。

　　10點抵達三天前來時，中午吃冷便當的那片低矮竹林，當時的狼狽歷歷在目，今日沒下雨，覺得竹林翠綠迷人，仔細一想，無論是雨中的竹林還是陽光下的竹林，竹林就是竹林，都是無自性，只是我們凡夫會盲目地受五蘊（色、受、想、行、識）擺佈，因外境的變異而賦與竹林不同的形容，真是無明啊！

來時走得疲憊不堪的陡坡瘦稜，今日沒雨沒風沒冰雹，走起來輕鬆多了。

登高望遠，下方山谷中的小白點就是亞米林村。

朝聖第九天

19 山中臨時診療所

　　昨天下午3點半走到上山時第一天的宿營處，我和Lu本來也想隨已經下山的藏民和阿佳拉繼續走，當天就可回到亞米林，但堪布擔心貝瑪體力負荷不了，決定住下。

　　一整晚都在下雨，睡到半夜屋頂漏水，滴在我睡袋上，移位兩次，還是漏。近4點嘎瑪captain起床準備早餐，我乾脆也起來晾睡袋兼持咒。

　　7點出發，又是一路爛泥巴，我和Lu走在最前面，背包都被藏民揹走了，一身輕。約10點，兩人返抵亞米林村，嘎瑪captain站在來時住宿的房屋平台迎接我們，三人歡喜合影，還為千斤重的泥鞋拍照留下見證，兩人對著泥鞋搖頭嘆氣，GORE-TEX專業登山鞋在這裡真是滑鐵盧了，遠不如一雙二百盧布的雨鞋呢！

　　我們三人改住寺廟旁的小屋，這間小屋是法會時專供煮茶水及準備餐食用的廚房，存放著一些鍋碗瓢盤，正中間是爐火區，雖然門窗都沒遮擋，冷風直入，但至少空間獨立又可烤火取暖。燒了水，三人輪流在幾十公尺外的木板房廁所裡簡單沖洗，換上乾淨衣服，邊烤火邊烘衣物邊聊天，頓時幸福如在天堂。

　　整個人鬆懈下來後，膝蓋舊傷疼痛隨之明顯，有點擔心愈趨嚴重，在貝瑪建議下，平日對西藥敬而遠之的我，不得不乖乖地吃下消炎藥。

　　Lu在附近發現艾草，採來燒水，大家輪流泡腳去溼寒，堪布泡腳時，

和 Lu 及嘎瑪 captain 合影，
雨仍下個不停。

　和我們聊到亞米林村最嚴重的是醫療問題，果然，整個下午陸續有村民不
知從何得知我們有藥，紛紛來求診，由堪布翻譯，貝瑪成為臨時診療所的
醫師，不過我們帶的藥有限，就算診斷出病情，也無法對症給藥。

　　貝瑪有點沮喪，說她現在明白這兒村民最大的需求了，若明年恢復有
直昇機飛亞米林村，她會帶著藥再來。

　　其中有個18歲的少女，腹痛已一週，聯絡直昇機來接送就醫，但天候
不佳，直昇機至今無法飛進山區，貝瑪在彭措陪伴下前往少女家中探望，
回來說她判斷女孩是十二指腸發炎，會愈趨嚴重，必需趕快送醫，眼前她
只能給一些止痛藥，沒其它辦法。

　　天黑後，本要睡了，旺秋匆忙跑來，氣急敗壞說：「有人快死掉了！」
原來是他去認識的朋友家聊天喝酒，那戶人家有位老人生病已久，這天病
況又嚴重了，旺秋希望貝瑪幫忙去看看，貝瑪不敢答應，要旺秋一起去見
睡在旁邊寺廟裡的堪布。

這間會漏水的小廚房後來變成臨時診療所。

　　他們向堪布說明狀況後，堪布先行卜卦，然後給旺秋一些甘露丸，說：「吃了會活就會活，若仍然無效，那就是命該如此。」

　　隨堪布同住寺廟的索南喇嘛用英文告訴貝瑪不用隨旺秋去，因那戶人家離這兒很遠。貝瑪和旺秋走出寺廟，旺秋不斷拜託貝瑪去看一下，貝瑪說：「堪布沒叫我去啊！」旺秋說：「堪布也沒叫你不要去啊！」拉鋸許久，貝瑪只好跟旺秋走，但沒多久就自己返回，她說旺秋有點醉了，走得東倒西歪，她擔心等下會醉倒在半路，便堅持等明天白日再去探望。

　　對於還無法參破生死的我們凡夫而言，生病的痛苦和面對死亡的恐懼，總是會使人陷入難以言說的無助牢籠。想想自己年紀已邁向六十，這十多年來，一些親朋好友，逐漸離開了人世，有長輩，有同輩，甚至有年紀比我小的，在經歷一次又一次的死別後，死亡這個課題愈加迫切；想要脫離生的迷惑和死亡的恐懼，除了學佛，好好實修，再也無它。

朝聖第十天

20 溪水暴漲,坐困山村

整夜雨沒停過一刻,只有間歇小些,雨滴打在鐵皮屋頂,咚咚咚咚,聲勢嚇人,仰桑河水奔騰,轟隆作響,一夜之中醒來多次,4點多起床晨修及寫扎記。

近5點,天色猶暗,有人拿著手電筒,從沒有門的外側拉開我們用雨衣和塑膠椅設的簡單阻隔,我用藏文及英文問:「是誰?」原來是嘎瑪Captain,他表示雨下太大,溪水暴漲,今天走不了了。

堪布過來廚房烤火聊天,陸續又有村民來拜見。其中有一對父子向堪布下跪,雙手合十拜託堪布幫助小孩出外就學(村中沒學校),堪布了解情況後,答應讓小孩先到寺廟幾個月,隨小喇嘛學會基本藏文及印度文讀寫後,再送他前往西藏流亡政府所在地「達蘭沙拉」入學,父子歡天喜地離去。

堪布向我們解釋,2003年菩提昌盛寺奠基大典時,迎請尊者達賴喇嘛蒞臨貝瑪貴,尊者後來賦予堪布權力,針對貝瑪貴聖地所在阿魯納恰邦(即西藏昔日藏南地區)境內的藏族小孩,堪布每年可推薦25人送往達蘭沙拉入學,費用全由西藏流亡政府負擔。這次來協助朝聖之旅的幾位挑伕,也都有小孩由堪布推薦出外就學。

從小廚房的屋簷望出去，一旁就是小寺廟。

　　昨天下山時，帶著水煮蛋和熱奶茶，等在半路迎接我們的那位藏民又來了，他是堪布的親戚，住在離亞米林村約40分鐘路程的Simuling西姆林，明天我們前往貝瑪謝日神山時會經過他家。他送來許多玉米，於是整天小廚房內飄散著香噴噴的烤玉米味。

　　除了玉米，還有村民送來木柴，火堆才得以整日不滅，還有人供養堪布風乾的熊肉，堪布切片分享我們，我們張大了眼睛：「哇，有生以來第一次吃熊肉ㄟ！」堪布大笑說：「哪裡，你們早就吃過熊肉了！」「啊，什麼時候？」原來是前幾天加在菜裡煮的小肉塊就是熊肉，因為又硬又乾，吃不出味道，那時還以為是風乾的牛肉呢！

邊燒開水邊烤玉米。

朝聖第十一天

21 獨一無二包土亭

　　昨夜又下了一整夜大雨，半夜雨勢更驚人，屋頂有多處漏水，貝瑪先被滴醒，三人陸續搬位置，折騰半天，最後鍋子和水桶全拿來接水，連雨傘也出籠，撐開擋雨。

　　5點半整裝待發，沒想到彭措和嘎瑪Captain過來告知河水太深，漲比腰高，今天還是無法出發，而且在山裡受訓的印度野戰部隊軍人若沒下山，我們強行上山也會沒地方住。

　　昨日貝瑪就已決定要撤退，今日照原計劃，由彭措陪同下山。在向大家告別時，汪賈拿出已逝父母的相片送她，說是要以此祝福她，貝瑪不想收，搖手拒絕，汪賈把照片直往她懷裡送，弄得貝瑪很尷尬，僵持不下，彭措在一旁用英文告訴貝瑪先收下，等下拿給他，他會找適當機會還給汪賈。

　　這位汪賈，是在家居士，和堪布同鄉，對堪布相當尊敬，兩年前，菩提昌盛寺大法會期間，我正在轉寺廟，在彼此不相識的狀況下，他突然跑

1 兩年前，汪賈送我的小金剛鈴杵。

2 此回朝聖，汪賈隨身攜帶家中寶貝。

3 汪賈因為言行與眾不同被取外號「巴沃土亭」。

來向我問好，說要送我一對金剛鈴杵，很小但聲音很好聽，我受寵若驚也大感意外，不敢接受，他還是堅持要送我，後來是熟識的桑傑喇嘛向我保證沒問題，要我收下，我才收下，並趕緊回贈金箔佛像法照及拉薩買的小瑪尼輪吊飾，作為結緣。

那對金剛鈴杵小歸小，但絕對不是沒價值的一般禮物，當時我想了半天，為何那麼多位師兄師姐中，汪賈唯獨要送給我呢？唯一能解釋的，就是那時我正在修四加行，每天都在寺廟大殿作大禮拜，不知是否他看到了，覺得堪布這位上年紀的女弟子還算精進，因此送我作為鼓勵？

後來我問堪布：「汪賈是瑜伽士①嗎？」堪布回答：「不是瑜伽士，但有在修行，人很好，心地很善良，不會貪。」

今日他居然要把已逝父母的相片送給貝瑪，我們都瞠目結舌，不明白他腦子是怎麼想的。

貝瑪出發後，汪賈來廚房向在烤火的堪布秀他隨身攜帶的家傳寶物，堪布告訴我們汪賈父親是個修行很好的瑜伽士，往生後留下很多和修法有關的寶物，汪賈只要離家比較久，都隨身攜帶，以防被偷。我這才恍然大悟，難怪他的背包又重又大。

堪布再次強調他心地很好，只是頭腦有點怪，想法與眾不同，經常不按牌理出牌。

---

1 | 指曾隱居閉關密修，做自我身心轉化修持的出家或在家修行者。

　　我回想起前幾天，大家同住木寮時，半夜我被誦經聲吵醒，看了手錶，凌晨2點，是誰這麼精進，半夜在修行？當時有人出聲提醒：「汪賈，太早了，會吵到人。」接著每個清晨我起來作晨修時，黑暗中總看到有個人影坐著，小小聲地唱誦，正是汪賈。

　　這幾天不斷聽到洛本、索南喇嘛和藏民喊汪賈「包土亭」，我問索南喇嘛是什麼意思？索南喇嘛笑得合不攏嘴，勉強止住笑後，先問我：

　　「你知道『巴沃』嗎？」

　　「知道。」巴沃是藏語，藏傳佛教的護法有男女二相，男相稱勇父，女相稱空行母，二者類似，都是護衛瑜伽士修行，並且守護瑜伽士由各種傳承處聚集的加持力。

　　索南喇嘛接著用英文解釋，巴沃也有「brave」（勇敢）的意思，因為汪賈常常表現得與眾不同，就算被人笑，他也不怕，很勇敢，可以說全土亭地區只有一個像他這樣的人，因此大家開玩笑地幫他取了個名字「巴沃土亭」（藏人的名字都是四個音節），因為唸得快，「巴沃」就被我聽成是「包」了。

　　汪賈也知道自己被取了一個新名字，面對這有點戲謔的稱呼，不知他是不瞭解還是無所謂，每次只要有人喊「包土亭」，他聽到後都是笑嘻嘻地回應，完全不生氣。

22 浮生半日閒

　　昨天一整天吃烤玉米，今天換個方式，剝下玉米粒加入台灣帶來的海帶芽煮成湯，我和Lu直說好喝，端了一碗請索南喇嘛，他喝了後卻皺著眉，一副不好喝的神情，我們猜測可能是因為藏人從沒吃過海帶芽，不習慣黏黏的口感吧！

　　接近中午，雨終於停了，天際露出一小塊藍天，但雲霧濃密，藍天時隱時現。

　　和Lu前往村中閒逛，四周山巒雲霧飄渺，木屋分散在緊貼著仰桑河的河階台地上，全村安安靜靜地，偶而傳來一兩聲狗吠及雞鳴聲。

　　迎面走來一位阿佳拉，有點面熟，她衝著我們直笑，喔，是昨天、前天都揹木柴來供養堪布的阿佳拉，她熱情地邀我們去她家，反正時間很多等待消磨，我和Lu求之不得地跟著她走，經過種植甘蔗、佛手瓜、蔬菜等小畦田地後，到了她家，門外牆面掛著好大一塊烏黑發亮的動物皮，我問：

　　「這是什麼動物的皮啊？」

　　「熊皮。」阿佳拉回答，同時擺出一個張牙舞爪的表情，我和Lu都被逗笑了。

　　後來聽堪布說，附近山中有不少野熊，經常會來破壞農作物，因此政府准許村民捕捉，捉到熊後，一般都會風乾作成乾肉存放，作為補充肉類蛋白質的來源。

1 原住民貯藏物品的專用小倉庫。

2 阿佳拉家門口掛著一塊烏黑發亮的大熊皮。

雨歇後，百里煙雲籠罩著亞米林村。

　　阿佳拉生火，忙著把玉米粒倒進超大平底鍋內翻炒，趁機瀏覽她家，山區藏民的家都很簡單，火爐所在處是廚房兼起居室，另一間是睡房，而最重要的一間就是佛堂，是精神寄託所在。

　　玉米粒炒熟了，一人一盤，吃起來有點硬，但細嚼慢嚥挺香的，阿佳拉拿出她自釀的酒請我們喝，倒時我在一旁喊著：「一點點就好！一點點就好！」

　　她置之不理，笑著斟滿兩大杯，遞給我們，剎那香氣撲鼻，我問：「這是羌嗎？」

　　「不是，是阿拉，比羌好喝。」

　　據說「阿拉」難釀，所以一般藏族人家都只釀「羌」而已，這還是我第一次喝到「阿拉」，很香醇，但擔心後勁強，不敢多喝。

　　告別阿佳拉，我說我們還要繼續逛村子，阿佳拉反覆說：「不要去原住民家，一定不要去原住民家！」問她為什麼？她只回答：「他們不好。」「怎樣不好？」我再問，但阿佳拉沒回答。

　　後來請教堪布，原來是當地傳說原住民會對陌生的外來者下毒（我猜應該就類似雲貴地區的下蠱），以取得對方的福德好運，堪布說他不相信，我也不相信。

　　走在村中，突然看到幾位野戰部隊裝扮的印度軍人從山裡走出來，我和Lu很興奮，快步往回走，想通知大家，走了一段，看到不遠處，洛本已攔住軍人正在打聽狀況。

　　一個又一個的印度軍人和挑伕陸續穿過村子，聽說去年印度軍方就選

擇神山地區辦野戰部隊的會師訓練，今年再次舉辦，由於屬軍事機密，詳情村民也不太清楚，只知道這次從亞米林村入山的印度軍人有20位，挑伕有15位。

　　黃昏時，從寺廟旁的小廚房搬回藏民住的木屋，方便明早一起出發。

　　夜裡又開始下雨，持續不斷，下得人心慌，很擔心明天還是進不了山，朝聖之行會就此劃上終結號嗎？在睡袋裡翻來覆去，不斷祈請蓮師護佑加持。

山區典型的廚房，阿佳拉正在炒玉米。

走過亞米林村，幾乎每家都種植甘蔗、佛手瓜、不知名的巨瓜及釀酒用的作物。

朝聖第十二天

23 最後人家

　　清晨5點半天剛亮，我站在木屋窗旁往外望，穿著雨鞋的堪布一手拿登山杖一手拿茶杯，從山坡上的寺廟大步穿越泥濘小徑往我們這兒走，神采飛揚，頗有氣勢，我禁不住拿出相機拍下這個影像，堪布抬頭看到我在拍照，對我露出慈祥的笑容。

　　昨日已派代表向村民借來三雙雨鞋，堪布、Lu和我都換穿雨鞋了，因為往貝瑪謝日神山一路溯仰桑河，多處要涉水，山徑也是爛泥居多，雨鞋最適合。

　　6點出發，亞米林村到西姆林的路程，藏民腳程只要40分，我們走了一小時，這裡只剩四戶人家，全是康巴人，堪布親戚家四周種滿各式各樣的花草及蔬果，看去一片花團錦簇，在晨霧中份外清翠。

　　堪布這位親戚，今年45歲，有8個小孩，老大在我們寺廟教小喇嘛英文，其餘都在外地讀書及工作，他們在土亭村有房子，因為母親年紀大了，身體不好，無法走路，於是夫妻倆留在山中陪伴，要等到母親百年後才往外搬。

堪布親戚家，一片花團錦簇。

1 78歲的莫拉一頭銀白短髮。

2 佈置莊嚴的小佛堂。

我們隨堪布到裡屋探望78歲的莫拉（藏語，祖母），莫拉一頭銀白短髮，裹著棉被坐著持咒，看到堪布非常高興，立即掙扎起身要向堪布頂禮，被堪布制止，寒暄幾句後，莫拉請求堪布傳法。

堪布在佛堂裡為莫拉傳法加持，莫拉全程都畢恭畢敬地雙手合十彎腰，我望著一旁壇城上的諸佛菩薩法相，可以體會莫拉的心情，信仰虔誠的藏民，即使住在遍遠山中，只要知道附近有法會，就會翻山越嶺、不辭辛勞下山參加，例如堪布每年在菩提昌盛寺舉辦的幾場大法會，亞米林村的藏民幾乎都會出席。莫拉身體不好，無法走下山，只能抱憾錯過一場又一場的法會，年紀愈大對佛法就愈渴求，因為死亡不知何時會來臨，當下難得具德的大堪布來到山裡，親自為她一人傳法加持，這是多麼殊勝的法緣啊！

掛滿屋簷的金黃玉米，是山區居民主食之一。

離開堪布親戚家後，就此告別俗世，走上艱辛的朝聖之路，沿著仰桑曲河谷上行，不斷穿越支流和山澗，連續幾天豪雨沖刷，倒木遍地，處處坍塌。

仰桑曲河水高漲，原本沿著河畔的路
徑全被淹沒，藏民拔出山刀，合力砍
木架梯搭橋，往山坡上高繞，攀爬鑽
進密林，與河平行前進一段後再下切
回河畔，有些路段水淺些，便直接涉水
或跳石而過。一整天就在沿溪畔高繞，
下切，走山腰，上稜線等交替中，行
行復行行，直到午後三點，抵達營地，
海拔1820公尺。

原本沿仰桑曲河畔行走的小徑，被暴漲的河水淹沒，幸虧藏民臨時架設的木階梯，才得以安全繞行。

朝聖第十三天

3 4

1 今日依然沿溪上溯，剛出發時天色灰濛，不過昨晚星光燦爛，藏民都說今天會是好天氣。

2 快7點時，陽光從樹林間露臉，驅散連日陰霾。

3 堪布逆光而行的背影很奇異，我大膽喊住堪布，請他回身拍照，身形剪影和奇特藍光一起入鏡。

4 仰桑河畔到處是奇岩異石，不知經歷多長歲月的水流切割，才塑成這等模樣。`

1 沿溪上溯過程中，有時會進入密林，在與四周長得密密麻麻的各種草木肌膚相親中，真真實實感覺到植物生命力的脈動。

2 山徑旁有塊巨石被樹根盤纏，藏民懸掛五色風馬旗，讚揚這大自然展現的聖蹟。

3 正要通過架在山澗上的木橋前，瞥見下方有兩塊巨石，一金黃一潔白，交相輝映。

4 禁不起陽光溫暖的誘惑，大家停在仰桑河畔空曠處，用餐、洗頭、曬太陽，歡度無比舒暢的一段時光。

3

4

1 離開河流，從山腰陡上稜線，林中有株橫跨山徑生長的木頭，滋養了苔蘚與菌菇，成為一座造型奇特的拱門。

2 來到一條小山溪，水流清澈，溪石白晰，堪布就地站定，頗有幾分武僧的氣魄。

3 午後二點多到達營地，海拔2385公尺。

24 修法烹煮，吃喝拉屎

今天被特別提醒，千萬別去幾十公尺外的林中水源地洗擦身體，會觸犯護法，導致下雨。傳說這兒有老虎出沒，依藏民朝聖習慣，這兒通常不住宿，都直接上山。

藏民砍來煨桑用的樹枝，點燃後，堪布獨自修法，眾人安靜地分散在四周各處，堪布唱誦聲低沈起伏，在草木圍繞中縈迴，法界蒙薰。

四點多，嘎瑪Captain掌廚準備晚餐，大黑鍋直接架在火堆上煮，今晚主菜依然是南瓜。此行每餐都很簡單，長天數行程，食物不便攜帶，十多人餐飲很不容易打點，而堪布和我們口味偏清淡，嘎瑪Captain每餐都要煮兩種口味，真是難為他了。

還有一位副廚蔣千，行進中，嘎瑪Captain殿後壓隊，他就一馬當先，抵休息地後立刻生火煮奶茶，每當我們筋疲力竭抵達，馬上就能喝到熱騰騰的香濃奶茶，實在窩心。

用過餐，才五點半大家全擺平睡覺，我和Lu覺得實在太早，繼續在火堆旁低聲交談。

六點多，趁天色已暗，我拿著手電筒往回走，在林中找到一塊適合蹲大號之處，關掉手電筒的剎那，四周十分黑暗，一會兒後，眼睛適應了，逐漸看得清，此處遠離塵囂光害，滿天星光閃爍著，若非樹林茂盛，肯定更加光亮。

堪布修法。

　　抬頭望向滿天星斗，讀《普賢上師言教》時，在書末「巴珠仁波切略傳」中有一段以看星星為喻的記述，令人印象深刻：

　　紐舒龍德是近代最偉大的大圓滿傳承上師之一，曾親近他的上師巴珠仁波切達18年之久，兩人幾乎形影不離。紐舒龍德修行極為努力，已經準備認證心性了，卻還沒有得到最後最究竟的法。

　　有一個晚上，巴珠仁波切終於傳法給他，當時他們在西康佐欽寺（現屬四川甘孜藏族自治州）後山的閉關房，夜色深沈，繁星點點，天地清靜，偶爾山腳下傳來狗吠聲。

 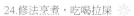

1 嘎瑪Captain掌廚。

2 蔣千經常一馬當先，抵營地後便先煮好熱奶茶。

3 南瓜是此行最常吃的主菜。

巴珠仁波切仰臥在地上，他把紐舒龍德叫來：「你說你不懂心要，是嗎？」

「是，仁波切。」

「實際上沒有什麼好知道的。」巴珠仁波切淡淡地說：「我的孩子，過來躺在這裡。」

紐舒龍德挨著他躺了下來，巴珠仁波切問他：

「你看到天上的星星嗎？」

「看到了。」

「你聽到佐欽寺的狗叫聲嗎？」

「聽到了。」

「你聽到我正在對你講什麼嗎？」

「聽到了。」

「好極了，大圓滿就是這樣，如此而已。」

就在那一剎那，紐舒龍德豁然開悟了，他從染與淨、是與非的枷鎖中解脫了出來，體悟到本初的智慧、空性和本有覺察力的純然統一！

我們一般人就算看到天上星星，聽到狗叫，聽到別人對我們講的話，但也無法開悟，不過即使自己沒那個慧根，也離那個層次遙遠得很，但蹲在樹林空地望著滿天星光，清涼著屁股上大號的此際，想起這個故事，似乎也隱約瞥見了一絲光亮。

修法烹煮，吃喝拉屎，也正是「就是這樣，如此而已」啊！

朝聖第十四天

昨夜滿天星斗，清晨卻是陰天，6點我和Lu隨堪布先出發，遇到大大小小的支流，走過一座又一座的木橋，山溝溪澗堆滿被豪雨沖倒的樹木，東倒西歪，一片狼藉。

1

2

3

1 朝聖的路雖然艱辛，我和 Lu 卻充滿歡喜，珍惜每一個經歷，尤其感恩腳上這雙向藏民借來的雨鞋。

2 支流與支流之間走在樹林中，陽光露臉了，落葉舖滿地面，走起來極為舒適。

3 一棵巨木的樹幹長滿堅硬的大菌菇，不知是否就是靈芝？

25 蜘蛛與琴師

　　沿稜線持續上爬，Lu漸漸落後，索南喇嘛陪她慢慢走，改由汪賈隨侍堪布，爬了一段後，堪布找了塊空地坐下，休息兼等Lu。

　　汪賈坐在堪布下側，兩人斷斷續續說話，我坐在更下側，倚靠著背包斜躺，頂上的湛藍天空透過樹冠向我打招呼，這些高矮胖瘦的大樹生長在這裡，不知已迎過多少寒暑，看過多少日出日落，想必和土地已經緊密結合了！

　　不經意望向一旁，密林中有道白光一閃，咦，是什麼東西呢？仔細搜尋，有個蜘蛛網結在樹與樹之間，逆光中，絲絲清晰，那道白光就是正在拉絲結網的蜘蛛，從一棵樹盪到另一棵樹的身影，但蜘蛛在哪裡呢？怎麼找都找不到，牠不只安安靜靜地不發出一點聲音，連身影也隱藏得讓人看不到。

　　蜘蛛據說是好幾億年前便存在於地球的節肢動物，種類有數萬種之多，所吐出來的絲是牠捕捉獵物的武器，更是跳躍、逃跑時的生命線。

　　我用小相機的長鏡頭捕捉由不同角度、一條接一條吐出（拉出）的蜘蛛絲，這看似細軟柔弱的蜘蛛絲，真是神奇，無疑是目前生物界中最具韌性的一種纖維了，我想牠一定有著恰恰好的堅韌彈性，既不過緊也不過鬆，蜘蛛吐絲飛盪時，才能控制自如，遊刃有餘。

　　這和堪布在指導禪修時開示的一個故事，有異曲同工之妙。

小憩中的堪布和汪賈。

　　有一位琴師怎麼觀修都修不好，就向佛陀請教觀修要訣，佛陀問：

　　「你彈琴彈得非常美妙，非常專精，彈琴時琴弦要調得很緊，還是要調得很鬆，聲音才會好聽呢？」

　　「如果把琴弦調得非常緊，聲音很尖銳不好聽；如果把琴弦調得很鬆，聲音很粗糙也不好聽。琴弦一定要不鬆不緊，聲音就很好聽了。」

　　「和這個道理一樣，當我們在實修時，不能夠花太大力氣，也不能夠不花力氣。心裡想著我要把它修好，花很大力氣去做實修，這個也不對；心裡想著不花力氣，太過鬆弛，心完全渙散掉，這個也不對。應當不鬆不緊去做觀修，就能觀修得非常好了。」

密林中有蜘蛛正在吐絲結網，光影如幻。

我的影子在水中搖擺，如真似假。

26 綠度母的淚珠

　　在蜘蛛絲的國度待了20分鐘，上路半小時後接回仰桑曲，這裡海拔已近2800公尺，陽光燦爛，曬在身上熱熱的，雖然才10點鐘，但馬上就要離開河邊，爬陡坡上稜線，於是決定在此空曠處用餐。

　　準備時，我跑到河對岸拍照，這裡的石與水都很特別，太陽把我的影子投入水中，「我」於是在水中隨流水扭動著，搖擺著，在水聲潺潺中我有點恍惚，愣愣地注視著。

　　水裡的影子是我，站在岸上注視著水中影子的人也是我，無論水中影子或岸上的我，雖然都叫「裒秋拉媒」，但從佛法的觀點來看，都沒有自性存在，都會經歷「成、住、壞、空」；諸行無常，諸法無我，不只我和我的影子沒有自性，無法永恆存在，世上也沒有一樣東西能夠永恆存在，萬事萬物都僅僅只是在因緣和合之後顯現，有朝一日因緣條件改變了，一切也

不可思議的光環，變化多端。

會跟著改變。正如只要我邁步離開岸邊，水中的我的影子就立即消失一樣。

　　東拍西拍，鏡頭移往河畔雜木林，畫面意外出現不可思議的光環，連拍了幾張，每張都顯現特殊光環，那到底是什麼呢？說是陽光變的魔術也好，說是相機鏡頭光圈的幻相也好，說是諸佛菩薩壇城、六道眾生的顯現也好，不用爭論，就見仁見智吧！但我相信「看不到的東西不表示就不存在」；我也相信，身旁周遭隨時隨地都有諸佛菩薩和六道眾生環繞。

　　仰桑曲水花翻飛，濺揚如白雪，我們一路溯源而上，走到這裡海拔已近3000公尺，回想這幾天經過的仰桑曲，由於連續幾天豪雨，有些河段洶湧，氣勢磅礴，有些河段湍急，捲起千堆雪，和我舊有印象中，溫婉流淌、淺灘輕唱的仰桑曲相去甚遠。

　　傳說仰桑曲是綠度母菩薩淚珠化成的一條溪流，綠度母菩薩是誰呢？祂是觀世音菩薩的慈悲化身之一。

　　依照記載，觀世音菩薩於無量劫之前，以佛法利益有情，救度眾生，可是眾生無明迷惑，沉淪輪迴苦海，觀世音菩薩因悲憫眾生而落淚，每一滴淚水都化為一朵蓮花，上面坐著一尊度母，度母發願：「我當伴隨一同救度眾生，眾生雖然無量，我的誓願也無量！」因此，被視為最慈悲、最救苦救難的聖尊，這也是「聖救度母」名稱的由來，共有21尊，合稱「二十一度母」，其中以綠度母菩薩為主尊，一般簡稱「度母」。

　　在綠度母的加持下，由祂淚珠化成的仰桑曲，清澈無比，這在仰桑曲匯入雅魯藏布江的交會口，便可見端倪，一清一濁，界線分明。

　　緩流處，在陽光照射下，水裡的小石頭一清二楚，質地及形狀千變

1

1 印象中溫婉流淌的仰桑曲。

2 洶湧磅礴的仰桑曲。

萬化，在我眼中比珍珠、鑽石還美麗，綠度母淚珠化為河流，底蘊蓄養出來的石頭也因此顆顆如晶瑩的淚珠，令人愛不釋手。

　　沿路我們不斷飲用仰桑曲的河水，甘甜清涼，就連雅魯藏布江的水，無論是在西藏境內的上游和中游，或是印度境內的下游，我也都曾喝過無數回。想起曾看過一篇文章，記錄達賴喇嘛向世人說：「請幫助我們吧，但是我們無法回饋你們什麼，不過，若有一天西藏自由了，我們雪域喜馬拉雅山上的水最純淨，可以免費讓你們喝。」後半段雖是半開玩笑的話，卻令人聽了笑中帶淚，無比心酸。

　　流亡在世界各地的藏民喝不到故鄉水，而我是多麼幸運啊！

2

吃完中餐出發，一路上坡，一個多小時後經過一個已荒廢的營地，繼續陡上，接上稜線，景觀轉為和台灣中央山脈三、四千公尺的林相類似。午後1點，我抵達神山下最後一個營地，海拔3480公尺，迫不及待爬上山坡，四周山脈一清二楚。圖中如鋸齒的積雪山脈，就是兩年前我獨自隨寺廟喇嘛前往朝聖的孜大布日神山。

北方雪山是位於西藏境內的南迦巴瓦峰，海拔7782公尺，曾被《中國國家地理》雜誌評選為「中國最美十大名山」第一名。

午後趁著陽光燦爛，堪布帶領大家往神山方向爬了一小段，禮拜神山。

往下回看仰桑曲溪谷，兩岸山脈連綿，如蓮花瓣開展，村落隱約可見。

此行朝聖四位女勇士合影。

27 溫暖的正氣

以往藏民都習慣在八或九月朝聖，這回因為我建議十月氣候較穩定，不會下雨，堪布把朝聖時間延後，沒想到遇到下雪，藏民從沒就近觀賞神山雪景的經驗，每個人興奮之情溢於言表，相機、手機齊出，從各個角度留下珍貴的一幕，堪布也應大家之請，輪流和每一個人單獨合照。

喧鬧一陣後，堪布斜躺在矮樹叢下休息，享受陽光的撫慰，這一幕頗有幾分閒散的自在，我舉起相機從上往下拍，我的影子投射在一旁，影子的不真實和堪布歷歷分明的身形，有如夜與日的對比。這如如不動的影子也讓我想起昨日拍仰桑曲時，投射在水面的扭曲影子。

如果把影子代表自己無明的部份，在五蘊的運作下，以虛為實，以假為真，那麼，歷歷分明身形的堪布就代表著佛法智慧的明燈，我何其幸運，在尋覓多年後找到了上師，儘管我資質駑鈍，也一定會盡形壽追隨，次第修行。

這樣想著，心中有個無比堅定的聲音響起：

「這就是能引導我覺醒的明師！這就是我這一世生命中最重要的導師！」

有位老朋友在初次看到堪布法照時，讚歎了一句：

「你上師看起來好溫暖啊！」

另外有一位讀者在看過我的著作《聽見西藏》後，因為非常感動，主

堪布斜躺在矮樹叢下休息。

堪布散發一種柔軟與溫暖的氣質。

動 email 給我，網路交往一陣後，臭味相投成為好友，在 email 往來中我經常提到「堪布」，身為漢傳佛教徒的她很好奇「堪布」長啥模樣，我便寄了張堪布法照給她，她看後回覆：「我覺得師姐的『堪布先生』很正統，看來就是很『正氣』！」

的確如此，堪布體型高大，臉龐寬厚，散發一種柔軟與溫暖的氣質。只有上座講經說法時，端正嚴肅，一絲不苟，下座後，親切和藹，有如一位慈祥的父親，尤其大笑時，那笑聲展現的氣度，寬闊如海洋，清澄如萬里晴空。

　　每次，堪布離開台灣一段時間後返台，弟子去接機，當我們恭敬地獻上哈達，堪布除了回披哈達，還會熱烈地和每位弟子逐一握手，寒暄幾句，那康巴人的大手掌，瞬間傳遞過來一陣熱情與溫暖，讓人感受到手掌主人真誠的心，自然而然生出一種信任感。

　　剛剛沿雪坡慢慢往上爬時，我跟隨在堪布身後，索南喇嘛從後面喊了聲「堪布！」，堪布停下腳步回身，我也跟著回身，看到索南喇嘛舉高相機，示意要拍照，我和堪布很自然地露出微笑。

　　之後，索南喇嘛很得意地秀給我看，他捕捉到我和堪布非常自然的神韻，我自己也很喜歡這個畫面，感覺就像是我個人這幾年隨上師修學的寫照，照片中堪布身後的藍天宛如自性藍天、本智光照；我身後的白雲宛如無明、執著、五毒等，在上師引導下，我那些不好的習氣逐漸溶解，有一種慢慢開展的豁達。

　　天黑後測溫度，只有0.7度，夜裡肯定降至零下，每個人都冷得擠在火堆旁烤火。臨睡前我到戶外上廁所，意外看到流星劃過天際，趕緊許願：明日轉神山順利圓滿！

Sonam phuntsok 攝

索南喇嘛捕捉到我和堪布非常自然的神韻。

朝聖第十五天

28 轉貝瑪謝日神山

　　昨夜，堪布依然睡帳篷，其餘人則全擠在有座簡易壇城的小木屋內，人多，相對也溫暖些。

　　早晨，堪布帶領大家修＜蓮師薈供＞及＜山淨煙供＞，9點出發轉山。昨日一到堪布已派人先勘察路況，獲知積雪不太好走，但只要小心點就沒問題，今日由嚮導帶頭，大家再踩著他的腳印步步為營前進。

　　貝瑪謝日神山（藏語，意思是蓮花晶山）代表阿彌陀佛的聖地，阿彌陀佛即「無量光佛」，又稱「無量壽佛」。在大乘佛教（藏傳佛教屬之）裡，阿彌陀佛主掌西方極樂淨土，藏傳佛教又視其為五方佛（不空成就佛、寶生佛、金剛不動佛、阿彌陀佛、毘盧遮那佛）之一，主掌蓮花部主。

　　讀中學時，每天走路半小時上學，沿途電線桿大多張貼著佛教「南無阿彌陀佛」和基督教「信我得永生」的標語，記得那時還有同學開玩笑：「南方沒有阿彌陀佛，那麼阿彌陀佛是在北方嗎？還是在東方？西方？」

　　學佛後，才明白「南無」是梵文音譯，不能讀成南方的「南」，和有無的「無」，而是讀「拿摩」，是恭敬之詞，有頂禮、皈依的意思。

　　釋迦牟尼佛曾多次宣講阿彌陀佛的念佛法門，由於阿彌陀佛在成佛前曾發大願，任何人不分利根、鈍根，只要具足「信、願、行」，虔誠祈請，誦念「阿彌陀佛」，一心不亂，臨終時阿彌陀佛和觀世音菩薩、大勢至菩薩，就會一同前來接引，往生西方極樂世界。

1 堪布帶領大家修法，壇城旁堆滿我們帶來的薈供品。

2 氣溫很低，大家蓋著睡袋修法。

出發轉山了，由嚮導帶領，大家再踩著他的腳印慢慢前進。

　　漢地在唐朝之後，因受淨土宗影響，阿彌陀佛成為漢傳佛教的信仰主流之一，一部《佛說阿彌陀經》，將佛國淨土的清淨莊嚴描繪得淋漓盡致。

　　阿彌陀佛的西方佛國淨土在哪裡呢？

　　「從是西方，過十萬億佛土，有世界名曰極樂，其土有佛，號阿彌陀。」

　　為什麼那個世界會被稱為「極樂」呢？

　　「其國眾生，無有眾苦，但受諸樂，故名極樂。……極樂國土，七重欄楯，七重羅網，七重行樹，皆是四寶周匝圍繞，是故彼國名為極樂。」

　　極樂國土的景觀長什麼模樣？

　　「有七寶池，八功德水，充滿其中，池底純以金沙布地。四邊階道，金、銀、琉璃、玻璃合成。上有樓閣，亦以金、銀、琉璃、玻璃、硨磲、赤珠、瑪瑙而嚴飾之。池中蓮花大如車輪，……微妙香潔。」

　　如此莊嚴的國土，又有：

　　「常作天樂。黃金為地。晝夜六時，雨天曼陀羅華。……是諸眾鳥，皆是阿彌陀佛，欲令法音宣流，變化所作。……微風吹動諸寶行樹，及寶羅網，出微妙音，譬如百千種樂，同時俱作。聞是音者，自然皆生念佛、念法、念僧之心。」

　　這麼美好的極樂國土，要具備何種條件才能前往呢？

　　「若有善男子善女人，聞說阿彌陀佛，執持名號，若一日、若二日……若七日，一心不亂，其人臨命終時，阿彌陀佛，與諸聖眾，現在其前。是人終時，心不顛倒，即得往生阿彌陀佛極樂國土。」

　　看似簡單，難就難在「心不顛倒」，這才是最大的關鍵啊！

1 昨日陽光普照，今日轉為陰霾，登高後，視野拉開，有多次轉山經驗的洛本嘎丹為大家介紹四周山景。

2 積雪的日沃達拉神山現身了，靠右側的弧形平台即空行母聖跡。

Sonam phuntsok 攝

看著這張大合影，我對藏民無比佩服，以雪地登山標準來看，穿雨鞋、拿木杖的藏民，裝備全不合格，但他們有著虔誠堅定的信仰，給了他們最強大的支撐力量——我欣喜於自己有幸能和他們同行。

稜脈左側斜坡，涓滴細流往山谷下匯集，有藏民說是仰桑曲源頭，但也有藏民說仰桑曲源頭看不到，這是另一條由白度母淚珠變成的河流的源頭，流往不同方向。

1 在山徑旁的斜坡雪地，發現清晰的不明腳印，比人腳還大，綿延一段後就離奇地消失了，藏民說很像老虎腳印；堪布說是神山護法。

2 橫越被雪覆蓋的草坡，往岩石區前進。

Sonam phuntsok 攝

兩位洛本合影，左為洛本格桑，右為洛本嘎丹。

天然形成的石柱，在雪地中挺立。洛本和藏民蔣千正往山巔攀爬，要將格薩爾旗插在最高處，此旗源自格薩爾王之名，可使福報運勢興旺，一切進行之事業皆無阻礙，順利達成。

有些路段因地形關係，積雪特厚，堪布以手杖書寫＜六字真言＞嗡瑪尼唄美吽。

29 雪地生機

　　雪地上出現了幾排併連逶迤的淺足印，看起來有點像是鳥禽類，在這偏遠高山，冬季下雪不知要如何維生？生命真是無可限量。

　　沒多久，看到路旁雪地裡冒出幾株細小的植物，我對植物外行，但看起來有點類似蒲公英的科別，頂端的花序好像被風一吹就散開了，看似已經乾枯的植株，花籽四散在雪地上，希望種籽都已躲藏進雪下的土裡，等待來年春暖季節重現生機。

　　經過一大片草坡地時，被雪覆蓋的地面除了已枯乾的矮小草叢，還分散著比草叢略高的一種粗梗植物，堪布從土中挖出一棵，指著根莖部位說：「這是可以作成藏藥的一種植物，很珍貴，沒想到這裡長了這麼多。」

　　冬季大雪紛飛，掩蓋住地面，一眼望去，彷彿死寂，但有些植物可能只是隱藏進了土裡，就像冬眠的熊一樣，等待來年春天再甦醒過來。

　　以前旅行阿拉斯加時，在野外及國家公園多次看到棕熊，好奇夏季的阿拉斯加已經很冷，冬季想必酷寒，不知熊冬眠是如何度過的？後來查資料，才知道棕熊在冬季只是「冬休」，體溫不會像真正冬眠的動物那樣大降，在冬休狀態中，牠經常醒來，變換睡姿，此外，不吃不喝，也不排便，只靠自己的脂肪，在窩裡半睡半醒度過酷寒的冬季。

　　貝瑪謝日的熊不知是否也是如此度冬？

　　動物冬眠或冬休有其因應環境的機制，令人佩服，那麼植物是不是也

這片斜坡除了低矮的小草叢，還分散著略高的粗梗植物。

自有一套度冬的機制呢？眼前這些植物被埋在雪下，勉強維持生機，耐心地等待來年春天的到臨，只要天氣一暖和，想必就會發芽、生長。

頑強的生命力讓我想起童年住鄉下，在圳溝邊，田埂旁，農家土牆縫裡，不時會長出一些野草，雖然個頭小小地，花朵卻開得很美，外祖母告訴我們那些都是隨風飄來的種籽長成的，最後她還會加上一句：「臭賤的花較易活，咱人要像這些臭賤的花一樣。」

「臭賤」在台語裡有著貶抑及輕視的意思，但外祖母講那句話時神情莊嚴，語氣非但不輕視，甚至還有一點尊崇。後來有段時間，父親投資養蘭花，我直到看見父親照顧嬌貴蘭花的不眠不休，才明白外祖母說人要像臭賤的花的意思。

外祖母自小是童養媳，和外祖父「送作堆」後，生下二女，沒多久外祖父過世，外祖母靠一己之力撫養二女長大，不識字的她什麼工作都做過，幫傭、礦坑、為人洗衣、採茶、家庭代工……，如果她是一朵嬌貴的蘭花，她一定早就被命運打倒了。

向這些冰天雪地裡的頑強生命致敬，願他們很快重生！

根莖部位可以作成藏藥。

朝聖途中通常都會有終年不涸的天然湧泉或山溪水，被視為「聖水」，除了當場喝，藏民也會裝瓶，帶回分享他人。

行經岩雪混合地形。

1

Sonam phuntsok 攝

2

3

1 山到絕頂我為峰，回首來時路，山脈連綿，白雲一束宛如藍天腰帶。

2 追隨堪布向三聖峰作大禮拜，當五體與雪地碰觸時，裸露在外的肌膚一陣冰冷，但奇妙的
  熱流卻從心中泉湧而出，瞬間漫延，止不住眼眶溢滿淚水。

3 前方出現三座山峰，中間是阿彌陀佛，兩側是觀音菩薩和金剛手菩薩。在佛教徒眼中，阿
  彌陀佛的西方淨土是最令人嚮往的佛國。

1 走過一邊是斷崖一邊是斜雪坡的瘦稜，下方連綿的山谷底
　處，便是一路蜿蜒流入雅魯藏布　江的仰桑曲。
2 越過陡峻凌厲的岩塊區，四周白茫茫。

1 下山時堪布童心大發，帶頭用屁股滑雪，沒經驗的藏民一開始滑得有點生疏，後來愈滑愈順，玩得不亦樂乎。

2 雖然所有人中我的滑雪經驗最豐富，但用屁股滑，卻滑得東倒西歪。

朝聖第十六天

3

1 5點出發，藏民擔心下雨，一路走得飛快，我們也隨之趕路。

2 雖是下山路，仍然有一些上坡路，但因心境已與來時不同，感覺很輕鬆。

3 約8點半回到來時第二天的宿營地，稍作休息，四周林木茂盛，充滿生機。

1 走過一條又一條的支流與山澗小溪後,近十二點抵仰桑曲寬平河岸,吃中飯兼洗頭,藏民
　一般習慣轉神山後三天不洗澡不洗頭,以免洗掉神聖之氣,但仰桑曲是聖河,在聖河中清
　洗只會加持更多。

2 重新上路,很多路段要「高繞」,在河畔密林裡上上下下。

3 和走密林高繞相較,走在石塊河床上既輕鬆又神清氣爽。

30 侍者喇嘛

三點不到便抵達來時第一天的營地，這裡海拔不到 2000 公尺，氣溫舒適。

一抵營地，索南喇嘛便忙著幫堪布脫掉雨鞋，換上拖鞋，由於堪布雨鞋是臨時借的，不太合腳，連續幾天走下來，腳掌不舒服，索南喇嘛幫忙按摩。

看到索南喇嘛一改平日嘻皮笑臉模樣，認真細心地按摩，我頗為感動，眼前也浮現前幾天堪布在溪畔洗頭髮，他在一旁遞肥皂遞毛巾的畫面，神情舉止溫柔。這對師徒年齡相差三十多歲，一路上，我走在他們後面，只要是平坦的路，他們總是在交談，不時發出笑聲，若不看那身僧服，像極一對感情親密的父子。

2010 年 7 月，我第一次隨師返回貝瑪貴，索南喇嘛來接機，那是我們第一次見面，他像個稚氣的大男孩，很安靜，相熟後，才發現他非常活潑，愛說話，我比他母親年紀大，原本他尊稱我「阿媽拉」，被我笑著阻止，於是改叫我藏名。

索南喇嘛很聰明，自學英語，聽和說都還不錯，我們倆交談通常是藏語、英語混雜，有一次彼此講出來的話對方都聽不懂，竟然很有默契地同時問：「你現在說的是藏語還是英語？」說完兩個人大笑不止。

有一次聊天我談起初見面情景，他說那時他剛成為堪布侍者，只要

索南喇嘛細心地為堪布按摩腳掌。

堪布在，他都很「乖」。之前在佛學院讀書，也是老師在時很乖，老師不在就調皮搗蛋，作弄其他學僧，後來不知是誰一狀告到堪布那裡去，說：「你們貝瑪貴來的學僧有位叫索南彭措的……。」堪布把他叫去，問他是不是真的？他當時心裡想著必需誠實回答，但口中卻否認，堪布也沒罵他，只是溫和地看著他說：「不要說謊，爸媽送你到這兒，是希望你能好好學習……。」堪布對他說了一些道理。

「那你是如何成為堪布的侍者？堪布挑選的嗎？」我問。

「沒有特別挑選，是自然成為的。一開始，堪布每隔一陣子都會集合貝瑪貴來的弟子談話、關懷，我調皮被人告狀後，堪布就經常找我單獨去談話，鼓勵我，有時去時剛好堪布需要幫忙，例如提水啦，買東西啦，或要拿東西去給誰啦，我就順便幫忙做，做久了，比較熟悉堪布的生活習慣，就自然而然成為侍者了。」

家鄉父母對他能成為堪布侍者，非常高興，因為他們很尊敬堪布，認定堪布是一個偉大的修行者，能當堪布侍者是兒子的福報，雖然侍者要照顧衣食住行生活起居，瑣碎辛苦，不過能時刻跟隨上師，也就能從上師的言教與身教直接受益。

索南喇嘛說他常請教堪布問題，堪布回答幾句，不用長篇大論，就給了他很好的答案。有幾次他在堪布面前批評某人不好，堪布告訴他：「如果那人真的不好，那應該所有人都不喜歡他，但是仍然有人喜歡他，說他好，這就表示問題出在你自己身上。」

在他眼中，堪布無論想法（動腦筋）或做事，都很迅速，這從堪布近幾

索南喇嘛侍候堪布洗頭。

年的佛行事業就可看出來；偶而堪布也會生氣罵他，但過不了一會就又開懷大笑，溫和地叫他了，對其他人也是，總是就事論事，不會記仇。

堪布幾乎大大小小的事都會說給他聽，索南喇嘛指著我說：「連你在台灣寫了一本貝瑪貴的書，出版社給的錢全都供養給寺廟，這也告訴我了。」

2012年到2013年，堪布回南卓林佛學院擔任校長一職，那時堪布已習慣每天喝普洱茶，泡好茶後，就會叫他：「呷通！呷通！」（喝茶的意思）一開始，他很不喜歡那味道，喝了一小杯就說夠了。堪布苦口婆心：「這種茶對身體很好，能淨心，也能排掉體內不好的東西。」如今，他也隨著堪布喜歡上普洱茶了。

堪布當校長時，一個月只有1000盧布（約新台幣500元）零用錢，堪布很節儉，一件香踏（僧裙）又舊又破，縫縫補補還在穿，他和嘎丹喇嘛（另一位侍者）提醒堪布：「您現在是佛學院校長，穿著這件好多補丁的香踏不太適合吧。」請堪布拿錢（兩位侍者都沒錢）讓他倆去寺廟小賣部買件新的來換，堪布卻回答：「不用啦，這件還能穿。」

到最後他們倆實在看不下去了，連一般學僧都穿得比堪布好，有一天趁堪布閉目小憩，由嘎丹喇嘛把風，索南喇嘛躡手躡腳進到裡屋，從堪布放錢處拿了些錢去買香踏，等堪布醒來後，兩人雙手捧著新香踏恭恭敬敬奉上，告訴堪布：「這是我們倆供養的。」堪布大笑，用手指頭指著他們倆說：「我知道，我知道……。」一副他們倆作了什麼事都了然於胸的模樣，但也沒拆穿他們。

索南喇嘛說貝瑪曾問他：「What's your future？」他回答：「I don't

1 這對師徒年齡相差三十多歲。
2 索南喇嘛個性非常開朗活潑。

have future.」為什麼這樣說呢？他解釋：「以前還在南卓林佛學院時很好，每天快樂過日子，上課學習，下課和同學相處；現在當堪布侍者也很好，因為堪布是個偉大的修行者，我能從他身上學習到很多；未來呢，我只希望堪布年紀很老時，不用再為了弘法四處奔波，能回到貝瑪貴養老，讓我繼續服侍他，直到百年。」

　　索南喇嘛說到最後幾句時，神情肅穆，語調溫柔，眼眶有點紅，連我也跟著眼眶溼潤了。

朝聖路上，隨時都看到索南喇嘛認真拍照，以影像紀錄過程。

朝聖第十七天

1 連續幾天不斷過獨木橋，數量多到每個人都已練就一身平衡功夫。

2 爛泥陡坡是最可怕的地形，稍不小心就會一路溜滑梯。

3 山徑被草叢掩蓋，地面又佈滿大小石頭和泥巴，必需小心翼翼，才能安全通過。

1 輕輕一碰就會引起刺、麻、痛的「咬人貓」,盤踞山徑兩旁。

2 來時,這座吊橋木板就已腐朽脫落,如今又少了好幾片,為了安全,下到溪底,由藏民砍
　木架橋繞路過河。

3 貝瑪貴藏民以竹簍加頭帶揹負物品的習慣,明顯受到珞巴族影響。`

1 走過土石坍方。

2 繞行河岸岩壁。

3 快到西姆林時，堪布親戚帶著奶茶，熱情前來迎接。

4 午後一點抵達西姆林堪布親戚家，鄰居小女孩好奇跑來，堪布送她糖果並慈祥地和她說話。

31 螞蝗爸爸

西姆林海拔約1800公尺，今晚要住堪布親戚家，洛本和藏民們則繼續走到亞米林村住宿，明早再會合出發。

大伙兒在屋前竹台切大黃瓜吃，我就地坐下，這竹台位置極佳，視野寬廣，坐擁群峰，可惜天候不佳，雲層很低，據說天氣晴朗時可以遠眺貝瑪謝日神山。

脫下雨鞋和襪子，啊，居然連穿高筒雨鞋也無法倖免，螞蝗爸爸①照樣光臨過了，留下血跡斑斑兩個傷口。把褲管拉高，之前被咬的痕跡還未消逝，呈暗黑色，和新傷口互相輝映。腳趾頭因為一路下坡，往前擠壓，大拇指已呈淤黑，腳底也因雨鞋太薄，襪子也薄，走得快起水泡了。

腳這樣狼狽，那手呢？也沒好到哪裡去，這回沒戴手套，髒得不像話，怎麼洗都洗不乾淨，手掌和指頭被刮傷好多處，小傷口不理它，較深的傷口原本貼了OK繃，但也已經髒黑到快看不出來是OK繃了。

若是愛美的女性看到自己的手腳變成這副模樣，一定非常難過傷心吧，我卻心甘情願接受，隱隱約約還有一點成就感呢！自2010年以來，進仰桑貝瑪貴聖地好多回了，早已清楚這裡艱苦的環境，既然來朝聖，就接受神聖的、惡劣的、好的、不好的……所有一切，就像堪布那天在山路上

1 | 貝瑪貴語稱螞蝗為「巴特罷」，因為特音很短，被我們戲稱為「爸爸」。

大伙兒在屋前竹台分享大黃瓜。

1 我狼狽的腳和手。

2 大部份的螞蝗長得像根細黑線，吸血後就變胖，像圖中這隻。

3 一隻螞蝗躺臥在正中央葉片上，靜候獵物經過，不仔細看還以為是枯枝呢。

說的「酸就酸吃，甜就甜吃」。

　　至於螞蝗，要如何和牠相處呢？堪布很早之前說過：「就讓牠吸，吸飽牠就會走了。」我們也學堪布以慈悲心去接受螞蝗。不過這回朝聖行，螞蝗爸爸實在太猖狂了，咬我腳不打緊，竟然得寸進尺，前後有兩次在山徑上行進時，我忽然感覺胸口涼涼的，手伸進一摸，天啊！是螞蝗！還好都是剛沾黏上，還沒被牠咬進皮膚，否則就拿不掉了，趕緊把牠丟到一旁樹叢裡——原諒我，這個部位我實在沒辦法遵循堪布說的：「就讓牠吸，吸飽牠就會走了。」

　　我想不通螞蝗怎麼有辦法爬到我胸口位置？想來想去，八成是因為我怕熱沒戴帽子，螞蝗可能在我穿越茂密樹林時，從比較高的樹枝飛躍到我頭髮，再往下掉，由於我慣穿Ｖ領排汗衣，領口開得較低，螞蝗就順勢而入了。

　　還有一次更可怕的經驗，有天抵達營地後去上廁所，赫然發現內褲靠跨下右側一片紅，我幾年前就已度過更年期，那來的血跡呢？仔細檢查，大腿接近跨下的皮膚也是血跡斑斑，還有個小傷口，估量就是某隻螞蝗爸爸的傑作，但百思不解牠是如何爬到這私密的位置？難道是趁我在樹林裡、草叢旁方便時，悄悄登陸的嗎？

　　拜託，拜託，螞蝗爸爸，我的腳隨您咬，其他部位就請您放我一馬吧！

下午，由村民陪同前往大伏藏師卻吉林巴的小寺廟，他往生後，寺廟無人主持，只由幾戶人家輪流照顧，村民從上鎖的舊木箱內取出一件件寶物及卻吉林巴生前修法用的鑼、法號、念珠、手搖鼓、曼達等，堪布逐一審視，並以之為每人加持。

1 卻吉林巴修行的小茅屋和寺廟相距不遠，已破損傾斜。

2 寺廟內供奉著達賴喇嘛尊者年輕時法照及寧瑪派貝諾法王（已於2008年圓寂）法照。

1

3

2

1 古老頭蓋骨。

2 此寶瓶為古老稀世珍品。

3 剛咨（藏語），牛角做成的鼓號，可吹奏。

朝聖第十八天

六點離開西姆林（上圖），半個多小時後通過橫跨仰桑曲的吊橋（下圖），便到達亞米林。

我們未在亞米林停留，沿村落外圍繞行，登高後回望，晨霧虛掩山巒，寧謐祥和。

32 風雨飄搖夜

　　大約3點多走到札西崗，雨勢滂沱，堪布住寺廟二樓，我和Lu住一樓大殿，其他人全住在距離幾百公尺外的廚房木屋。

　　雨下個不停，溫度很低，冷颼颼地，和上山時的艷陽天相比，宛如兩個世界。簡單用過晚餐，Lu躲進睡袋就寢，我一時了無睡意，關掉手電筒，裹著睡袋坐在黑暗中持咒，視野所及，在四周無邊的黑暗中，依稀也有灰階的光影在流動。

　　寒風細雨，清冷蕭瑟，屋外不間斷的雨聲伴隨著山風，像透明一樣，穿透牆壁進到廟裡來，滴落在心坎，我輕輕闔上眼，慢慢地呼吸，慢慢地持咒，雨聲從屋外到屋內，在身旁盤旋迴繞，餘韻悠長，將心引入一片空蕩蕩的境界，逐漸消融。

　　不知過了多久，我停止持咒，躺了下來，雨還是下個不停，間雜打雷閃電，不是已經十月底了嗎？夏日怎麼還駐留不去呢？

　　聽說有些瑜伽行者從來不睡覺，即使夜裡仍然清醒著，那是怎樣的光景呢？若是我竟夜睡不著，醒著聽雨聲聽風聲，能體驗到與風雨相融、天人合一的覺受嗎？

　　回到當下，將注意力集中在鼻唇之間的人中部位，清楚覺知呼吸的進出，一呼一吸，一出一入……。

　　安安靜靜，安安靜靜，四周完全靜止了下來，我感受到一股全然放鬆

的氛圍；一種靜默和孤獨交融的境界。

多年來，我習慣並享受獨自旅行，明白孤獨和靜默能讓很多隱藏的東西浮現出來；那是在喧囂吵雜時你聽不到看不到的東西。唯有這時，你才能真正和心交談，才能看清自己的弱處，才能肥沃心靈的土壤，就像野地裡單獨生長的一棵樹，因為沒有同伴的保護反而會變得更加強壯。

孤獨，靜默；靜默，孤獨……，到了某一瞬間，終於沈沈入睡。

記憶猶新，來時札西崗陽光燦爛，萬里無雲，返回時卻是風雨飄搖，寒夜寂寥，這天壤之別的境遇，想來無非也只是為朝聖者演繹世間事物的無常吧！

朝聖第十九天

33 堪布老家白雲巔

在雨中離開札西崗，過一座吊橋時，仰桑曲在下方咆哮。一路雨勢不斷，經過瑪哈果札、由東村後，離開山腰小徑，走上右方叉路，前往堪布老家Payingdem白雲巔，一路上坡，午後一點抵白雲巔，海拔約1600公尺，堪布家族和大部份的村民一樣，都是康巴（生長在西藏東部的藏族）。

白雲巔也是貝瑪貴人人尊敬的達娃祖古的故鄉，他一生推廣佛法，村中有不少出家僧和瑜伽士。達娃祖古和從西康轉世到貝瑪貴的敦珠法王二世都是堪布的上師，後來敦珠法王因政治因素遷離貝瑪貴，達娃祖古依照敦珠法王指示，努力建設一座寺院和幾間閉關房，以推廣佛法，但因為因緣不具足而停擺，1997年，達娃祖古圓寂，留下遺囑：「將來，利益貝瑪貴教法與眾生之責，要由堪布徹令多傑承擔起。」

堪布是貝瑪貴子弟中，首位在寧瑪派貝諾法王座下接受完整佛學教育的堪布，也是戒臘（受具足戒以後之年數）最高者，當他榮獲南卓林寺第一屆佛學院培育昇座的堪布資格後，先於印度教學長達18年。接著，貝諾法王派他前往尼泊爾雪謙寺擔任堪布4年；1996年又派他到西康白玉寺佛學院擔任校長，達娃祖古圓寂時，堪布猶在白玉寺。

達娃祖古等於是敦珠法王在貝瑪貴弘法的代理人，家鄉民眾一心寄託於他，視他為惟一的皈依處，遺言要堪布承擔大任，堪布憂喜參半，憂的是以自己棉薄之力，不知能否勝任；喜的是將有機會為佛法利生事業累積

1 白雲巔寺廟。

2 達娃祖古圓寂後轉世為自己的外孫，
目前就讀於南卓林佛學院。

寒冷的夜晚，能坐在火爐旁就是最大的幸福。圖中勘布大哥正在烙餅。

些微善業了。

1999年堪布回到南印度，向貝諾法王請示，法王告訴他：「你不要只建出家眾的寺院，也要建一座密咒士的寺院。……，現在時局很好，住哪兒都沒差別，將來如果時局變壞了，那麼除了貝瑪貴別無去處。」法王並指示堪布必需前往台灣等地，結下法緣，以後貝瑪貴要蓋寺廟就沒有困難。

由於這樣的緣起，台灣弟子才有機會和貝瑪貴結緣。

今夜住堪布大哥家，前年已住過一回，我最懷念他家的火爐，堪布大哥體貼地問我們要不要燒熱水洗澡？我和Lu感激得說不出話來，回想一下，上次洗澡是朝聖第九天時在亞米林村簡單洗過一次，距今已過10天了。

屋前庭院一側有兩間獨立的小木屋，一間是廁所，一間就是浴室，木屋簡陋，洗澡時冷風從木板縫隙長趨直入，冷得直打哆嗦，但心中卻是滿滿的溫暖。

庭院一側兩間小小的木屋，即廁所和浴室。

從西康轉世到貝瑪貴的敦珠法王二世（上圖）及貝瑪貴人人尊敬的達娃祖古（下圖），都是堪布的老師。

朝聖第二十天

清晨六點將要出發,有老婦人送來食物供養堪布,堪布為她加持祈福。

走出村落，經過農地，山谷中雲海升騰，積雪的山脈宛如飄浮在白色的海上。帶路的吉達（我朝聖孜大布日神山時的嚮導）介紹，遠方積雪最厚的山峰叫「烏金貝夏」（藏語，蓮師帽子）。

34 小寺廟大感動

從白雲巔一路下坡到 Nyering，村民歡欣迎接堪布，寺廟主結構已完成，只餘細部及彩繪部份還有待加工。

看到小寺廟已粗具規模，即將完工，我內心有點激動，因為親自見證了它從無到有的過程。2011年首度來時，這個位置還只是一塊雜草叢生的荒蕪地，那回村民特地請堪布前來為寺廟預定地灑淨，當時 Nyering 是仰桑貝瑪貴內唯一沒有寺廟的藏族村落，之前缺經費，後來經由堪布贊助開始興建，如今即將完工，預計2014藏曆新年時敦請堪布主持開光儀式，由於這個因緣，我們這回朝聖才會有多位村民同行協助。

昔日曾護持五萬盧布，小小成就了寺廟的興建，當下請問堪布，來年開光時我無法參加，想先隨喜供養寺廟5000盧布，要交給誰呢？堪布指著嘎瑪 Captain 說交給他就行了，他是寺廟管理者之一。我想起索南喇嘛說過，嘎瑪 Captain 是這回同行的洛本格桑的姐夫，他為人盡責有擔當，由他幫忙管理寺廟也是很適當的了。

村民隨著堪布進入寺廟，蓆地而坐，聆聽堪布開示，我從一側望著這幅畫面，雖然是還未完工的雜亂空間，卻比設計富麗的廟堂還感動我，這當下流動著佛法慈悲與智慧之海；滿溢著遍遠山區藏民對佛法、對上師的虔誠心及信心。

寺廟位於村落上方高地，要離開時，從寺廟往下走，山嵐雲霧迷濛，

Nyering 村民在寺廟前等候迎接堪布。

小山村被山嵐雲霧環繞，如夢似幻。

諾布一家人（小男孩很不情願被抓來照相）。

1 諾布在朝聖時的酷相。

2 諾布和旺秋是哥倆好,一對寶。

環繞著小山村，有如一幅夢幻圖畫，眼光越過村落，越過山谷，更遠方再現雪山烏金貝夏，蓮師帽子高高在上，想必蓮師也時時刻刻眷顧著村落裡的每一個虔誠子民！

忽然看到草地上站著一個熟悉的身影，呵，是諾布，一旁是他太太和小孩，昨天幾位藏民都沒住白雲巔，直接趕回Nyering和家人團聚。我趕緊為諾布拍下全家福。

不知是不是我的錯覺，感覺諾布在家人面前變拘謹了，朝聖時，他佩山刀的酷模樣讓人印象深刻，剛開始同行時，覺得他有點靦腆，後來相熟了，發現他和旺秋像一對活寶，哥倆好每回照相擺姿勢都默契十足，有模有樣。

從Nyering村也可清晰看到蓮師的帽子「烏金貝夏」雪山。

1 離開 Nyering 往下切回主要山徑途中,仰桑貝瑪貴最大的珞巴族村落 Kuging 在霧中忽隱忽現。

2 回到第一天經過的 Nyaming 村,堪布化身為聖誕老人,和小孩、老人廣結善緣。

3 仰桑貝瑪貴聖地盛名遠播,這群人是來自不丹的朝聖者,已圓滿朝聖得哇果札。

35 朝聖圓滿

　　山徑沿著仰桑曲而下，路和江若即若離，最後二者愈離愈遠，仰桑曲從「八大嘿汝嘎」聖跡的方向滙入雅魯藏布江去了，我們則穿過舊名「吉刀」的小村落，從村落所在台地下切，直抵雅魯藏布江畔，江對面就是土亭。

　　走過長長的籐索吊橋，幾位寺廟喇嘛帶著熱奶茶及餅干，笑吟吟地站在橋頭，等著迎接堪布。

　　兩方人馬會合後，一陣喧鬧，邊喝茶吃餅干，邊閒聊朝聖中發生的一些事。

　　據說我和Lu成了「話題人物」，因為首度有藏民之外的人，而且還是女性，一次完成兩座神山的朝聖。從此之後，堪布對其他藏人介紹我時必加上一句：「她很厲害，三座神山都朝聖過了。」

　　我和Lu請求與堪布合影，慶祝朝聖之行圓滿成功，三人在亞米林村向村民借的雨鞋，在朝聖貝瑪謝日神山下來後，已還給村民，又穿回各自的登山鞋，下雨泥濘，三人下半身衣褲和鞋子全都慘不忍睹。

　　搭上寺廟的車，突然之間意識到：「朝聖結束了，不用再走路了。」心中竟然升起輕微的失落感。

　　我喜歡走路，走路是踏實的，只要將呼吸安住在每一個步伐的移動，

走過橫越雅魯藏布江的藤索吊橋,朝聖之行即將抵達終點。

圓滿朝聖，師徒三人在吊橋頭合影。

放鬆身心，一步一步向前，那種雙足與大地真實接觸的感覺無比美妙，而且在每一個向前跨步之際，有一種與目標逐漸靠近的成就感。

背靠著座椅，我在腦中回憶朝聖這20天，無論衣、食、住、行、育樂，都顛覆常軌方式，我欣慰於自己能安然享受這種生活模式，朝聖的意義蘊含在其中。

一般都視朝聖是佛教徒的一種尋根活動，經由實際親臨聖地，憶念釋迦牟尼佛和其所傳佛法要義，或是瞻仰諸多高僧大德的修行遺風，以提升自己的信心，精進修行。

貝瑪貴是由別稱「第二佛」的蓮花生大師所授記的聖地，在此朝聖，當然也不能以凡夫肉眼所見的「看山是山，看水是水」而妄加評斷，也不能對代表聖跡的各種石頭心生輕慢。

藏傳佛教視朝聖是一個積聚福德的重要方式；朝聖的動機是要培養自己智慧、慈悲、虔誠心和出離心；朝聖過程中的諸多挫折與辛勞，都是一種修行的契機。

我望著窗外，心中無限感謝成就此次朝聖轉山的眾多相關人員，除了祝福他們，也虔誠迴向：願以此趟朝聖轉山之行所積聚的功德，迴向給一切如母眾生！

後記 **我與貝瑪貴的因緣**

　　自從2010年7月第一次隨師前往貝瑪貴，截至2015年2月為止，已去了6趟，最長一趟待一個半月，很多朋友覺得奇怪，貝瑪貴距離台灣遙遠，國際班機轉印度國內班機，再轉搭船及搭車兩天，每進出一趟光是交通就要耗費8天，他們無法理解我為什麼要一再前往？

　　我既不是去觀光，也不是去郊遊，我和貝瑪貴之間的因緣很奇妙，緣起不斷，很多師兄姐想前往朝聖，卻屢屢出現障礙違緣，多年來連一次也無法成行，而我打從第一次以「菜鳥」身份意外獲得機緣隨師同行，之後每回都水到渠成，冥冥中彷彿有一股助力，推著我往貝瑪貴走，其中一兩次雖然也出現過違緣，但在向蓮師祈請後，總是順利成行。

　　吸引我一次又一次前往貝瑪貴的主要因素，除了因為貝瑪貴是我上師的故鄉；除了因為台灣弟子在貝瑪貴護持興建了一座阿魯納恰邦最大的藏傳佛寺外，我相信也因自己和蓮師授記的隱密聖地有很深的法緣，每一趟前往都是修心之旅，途中出現的種種外境，都是最好的修心時機。大多時候心中充滿法喜，有堅定的信心，即使偶而身體不適或遭遇挫折，也都能轉變成逆增上緣。

　　待在貝瑪貴聖境的時光，總能體會到一份寧謐，我明白，真正的寧謐不在深山不在古寺，而是在自己的心中；真正的寧謐是即使身在喧鬧的環境中，心仍然感到從容、清涼。因此，我平日努力依上師指導的方法修心，

將在貝瑪貴深刻體會到的那份寧謐與聖地長期累積的修行加持力，契入心中，即使人在台北都會，身在紅塵火爐中，也能長保自心的清涼與快樂，以此強化自己面對世俗誘惑時，能微笑拒絕，堅持方向，繼續走在道上！

能隨師同行朝聖20天，令中心的師兄師姐羨慕不已，我心中清楚，每個人與上師的緣份不同，在台灣，我和上師緣份有限，只有在貝瑪貴，只有在朝聖時，我和上師才有很深的緣份。

多年來，堪布一再對弟子強調修行者「清淨心」的重要，清淨心就是清淨無染無求之心，早在2011年寺廟開光時，堪布對港台弟子開示時就提到他本人既不是轉世祖古，也沒有顯赫的家世背景，為什麼在短時間內就能收集到寺廟「見解脫室」及附設之「佛教博物館」裡眾多的珍奇寶物？為什麼他做什麼都能有成效？最主要就是因為有清淨心。

堪布也一再提醒要前往貝瑪貴聖地的弟子，堅定的信心最重要，因為諸佛菩薩的加持要進入自己的內心，靠的就是自己具有堅定的信心；假設沒有堅定信心，就算諸佛菩薩在眼前降臨，你也得不到任何加持。

這也是我時常告誡自己的，以純粹的清淨心和堅定的信心，珍惜每一次貝瑪貴聖地之行；並無比珍惜與堪布師徒之緣，學佛道上，明師難求今已得！

2015年2月完稿於貝瑪貴菩提昌盛寺

（本書版稅護持菩提昌盛寺小喇嘛）

最後，要用一點篇幅紀念與我們同行20天的洛本格桑。

2014年聽台北中心喇嘛說，貝瑪貴菩提昌盛寺旁的大樂熾燃宮（法王寢宮）漏水，洛本格桑爬上屋頂修理，不慎摔下，頭部受重傷，沒多久便往生了。

聽到這消息的剎那，難過、無法置信，回憶起朝聖時，兩位洛本和我們互動不多，但每當我拍照，若洛本格桑剛好在鏡頭裡，只要我大喊「洛 ── 本 ── 」，他就會高舉右手，笑容滿面的回應。

2015年1月中旬，我和貝瑪一家人前往貝瑪貴過藏曆年及參加法會，有位和洛本格桑是同學又是好友的洛本雲顛敘述事發經過，洛本格桑摔下後，意識還很清楚，外表看起來沒任何傷，但只要一動到他身體，他就非常痛（貝瑪推測可能有嚴重內出血和骨折），在村中小診所打了一針後，沒多久就往生了。

每當聽到一個年輕生命離世，對死亡的無能為力與無從遁逃，總讓我黯然神傷。

死亡，其實自我們出生之後，就時時逼視著生者，只是我們選擇視而不見。

死亡，每個人都會經歷，而且是獨自經歷，沒有人可以作伴。

我向諸佛菩薩祈請：當有一天，死亡的殘酷真實地來到眼前，在無法閃避之際，但願每一個人都已作好充份的準備！

轉貝瑪謝日神山時，洛本格桑與堪布合影。

眾生系列　JP0103

我隨上師轉山：蓮師聖地溯源朝聖

作　　　者｜邱常梵
編　　　輯｜張威莉
行　　　銷｜顏宏紋

總　編　輯｜張嘉芳
出　　　版｜橡樹林文化
　　　　　　城邦文化事業股份有限公司
　　　　　　104 台北市民生東路二段 141 號 5 樓
　　　　　　電話：(02)2500-7696　傳眞：(02)2500-1951
發　　　行｜英屬蓋曼群島商家庭傳媒股份有限公司城邦分公司
　　　　　　104 台北市中山區民生東路二段 141 號 2 樓
　　　　　　客服服務專線：(02)25007718；25001991
　　　　　　24 小時傳眞專線：(02)25001990；25001991
　　　　　　服務時間：週一至週五上午 09:30 ～ 12:00；下午 13:30 ～ 17:00
　　　　　　劃撥帳號：19863813　戶名：書虫股份有限公司
　　　　　　讀者服務信箱：service@readingclub.com.tw
香港發行所｜城邦（香港）出版集團有限公司
　　　　　　香港灣仔駱克道 193 號東超商業中心 1 樓
　　　　　　電話：(852)25086231　傳眞：(852)25789337
馬新發行所｜城邦（馬新）出版集團【Cité (M) Sdn.Bhd. (458372 U)】
　　　　　　41, Jalan Radin Anum, Bandar Baru Sri Petaling,
　　　　　　57000 Kuala Lumpur, Malaysia.
　　　　　　電話：(603) 90578822　傳眞：(603) 90576622
　　　　　　Email：cite@cite.com.my

版 面 構 成｜KeKe（m38edr@gmail.com）
封 面 設 計｜KeKe（m38edr@gmail.com）
印　　　刷｜韋懋實業有限公司

初版一刷｜2015 年 8 月
ISBN｜978-986-5613-01-3
定價｜460 元

城邦讀書花園
www.cite.com.tw

國家圖書館出版品預行編目（CIP）資料

我隨上師轉山：蓮師聖地溯源朝聖 / 邱常梵著.
-- 初版. -- 臺北市：橡樹林文化，城邦文化出
版：家庭傳媒城邦分公司發行，2015.08
　面；　公分. --（眾生系列；JP0103）
ISBN 978-986-5613-01-3（平裝）

1. 遊記　2. 朝聖　3. 西藏自治區

676.669　　　　　　　　　　104013045

104 台北市中山區民生東路二段 141 號 5 樓

城邦文化事業股份有限公司
橡樹林出版事業部　收

- -
請沿虛線剪下對折裝訂寄回，謝謝！

橡|樹|林

書名｜我隨上師轉山：蓮師聖地溯源朝聖　書號｜JP0103

橡樹林文化
讀者回函卡

感謝您對橡樹林出版社之支持，請將您的建議提供給我們參考與改進；請別忘了
給我們一些鼓勵，我們會更加努力，出版好書與您結緣。

姓名：＿＿＿＿＿＿＿＿＿＿＿＿＿　□女　□男　　生日：西元＿＿＿＿＿＿年

Email：＿＿＿＿＿＿＿＿＿＿＿＿＿＿＿＿＿＿＿＿＿＿＿＿＿＿＿＿＿＿

●您從何處知道此書？

　□書店　□書訊　□書評　□報紙　□廣播　□網路　□廣告 DM　□親友介紹

　□橡樹林電子報　□其他＿＿＿＿＿＿＿＿＿

●您以何種方式購買本書？

　□誠品書店　□誠品網路書店　□金石堂書店　□金石堂網路書店

　□博客來網路書店　□其他＿＿＿＿＿＿＿＿＿

●您希望我們未來出版哪一種主題的書？（可複選）

　□佛法生活應用　□教理　□實修法門介紹　□大師開示　□大師傳紀

　□佛教圖解百科　□其他＿＿＿＿＿＿＿＿＿

●您對本書的建議：

＿＿＿＿＿＿＿＿＿＿＿＿＿＿＿＿＿＿＿＿＿＿＿＿＿＿＿＿＿＿

＿＿＿＿＿＿＿＿＿＿＿＿＿＿＿＿＿＿＿＿＿＿＿＿＿＿＿＿＿＿

＿＿＿＿＿＿＿＿＿＿＿＿＿＿＿＿＿＿＿＿＿＿＿＿＿＿＿＿＿＿

＿＿＿＿＿＿＿＿＿＿＿＿＿＿＿＿＿＿＿＿＿＿＿＿＿＿＿＿＿＿

我已經完全瞭解左述內容，並同意本人資料依
上述範圍內使用。

＿＿＿＿＿＿＿＿＿＿＿＿＿＿（簽名）